하루

1문1답

1분
영어 말하기
스피킹 트레이닝

영어

말하기의 기적

확장편

하루 1문1답 영어 말하기의 기적이란?

100개의 영어 답변을 말해 보며
400개의 회화 표현을 자연스럽게 익혀
영어 말하기가 된다!

'하루 1문1답 영어 말하기의 기적' 시리즈는
'기초편'과 '확장편', 총 2권으로 구성되어 있으며,
자기 자신, 일상, 일, 문화, 사회 문제 등 다양한 주제에 걸쳐
영어로 말하는 방법을 배우며 회화 표현을 익힐 수 있는 교재입니다.

하루 1문1답 영어 말하기의 기적 기초편

Ch 1. '나'라는 사람에 대해 영어로 말하기

Ch 2. 나의 생활 패턴에 대해 영어로 말하기

Ch 3. 나의 주변 사람에 대해 영어로 말하기

Ch 4. 내가 좋아하는 것들에 대해 영어로 말하기

Ch 5. 나의 직장 생활에 대해 영어로 말하기

Ch 6. 나의 경험 & 추억에 대해 영어로 말하기

하루 1문1답 영어 말하기의 기적 확장편

Ch 1. 일에 대해 영어로 말하기

Ch 2. 문화에 대해 영어로 말하기

Ch 3. 사회에 대해 영어로 말하기

Ch 4. 인터넷에 대해 영어로 말하기

Ch 5. 스마트폰 & 소셜미디어에 대해 영어로 말하기

Ch 6. 기타 다양한 주제들에 대해 영어로 말하기

'**기초편**'에서는 '나'를 중심으로 이야기해 볼 수 있는
6가지 주제 관련 질문들에 대해

총 50개의 영어 답변을 말해 보며
총 200개의 회화 표현을 익히게 됩니다.

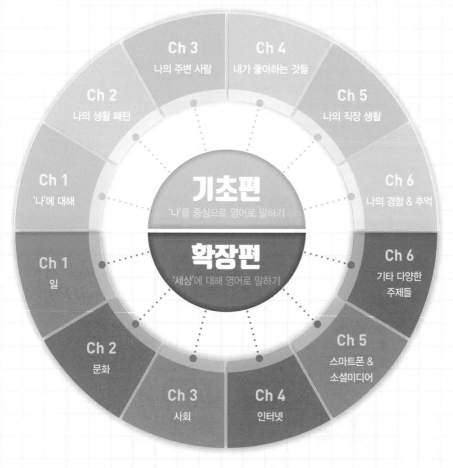

'**확장편**'에서는 '세상'에 관한 좀 더 심도 깊은
6가지 주제 관련 질문들에 대해

총 50개의 영어 답변을 말해 보며
총 200개의 회화 표현을 익히게 됩니다.

HOW TO

학 습 방 법 💬

1개 영어 질문마다
1분 영어 답변을 하며
영작+말하기+어휘 실력 UP!

다양한 주제별로 등장하는 모든 질문에
약 4문장으로 구성된 '1분짜리 영어 답변'을 말해 보게 되며,
각 질문당 1분 영어 답변 훈련은 총 '5가지 STEP'에 따라 진행됩니다.

Lesson 051

회사의 근무 조건, '급여'

Q

Which do you think is more important, a high salary or company benefits?

당신은 높은 급여와 회사의 복리 후생 중
무엇이 더 중요하다고 생각하나요?

이런 내용으로 답해 보면 어떨까요?

저는 제가 회사에서 근무할 경우 높은 급여가 더 중요하다고 생각합니다. 저는 사람들이 어떤 일에 대한 좋은 보상을 얻을 수 있을 때 동기 부여가 많이 될 수 있다고 생각합니다. 저 역시 제 일에 대한 보상으로 높은 급여를 받을 수 있다면 동기 부여가 많이 될 수 있을 겁니다. 따라서 제가 일에 관한 한 높은 급여가 가장 중요합니다.

28 하루 1문1답 영어 말하기의 기적 - 확

STEP 1

질문 보기 & 답변 뼈대 잡기

학습을 시작하게 되면, 각 주제별로 다양한 영어 질문을 받게 됩니다. 그리고 각각의 영어 질문 아래엔 '한글'로 된 예상 답변이 등장하게 되고, 학습자들은 한글로 된 예상 답변을 먼저 보면서 자신이 영어로 어떤 내용을 말하게 될지 미리 추측하며 생각을 정리해 볼 수 있습니다.

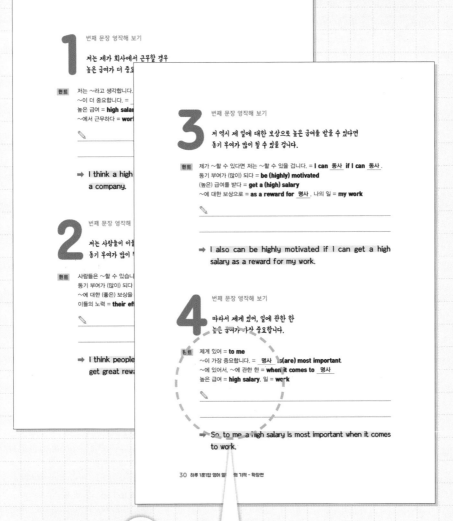

1 번째 문장 영작해 보기

저는 제가 회사에서 근무할 경우
높은 급여가 더 중요...

힌트 저는 ~라고 생각합니다.
~이 더 중요합니다. =
높은 급여 = **high salar...**
~에서 근무하다 = **work...**

✎

➡ I think a high ...
a company.

2 번째 문장 영작해 ...

저는 사람들이 이들...
동기 부여가 많이 ...

힌트 사람들은 ~할 수 있습니...
동기 부여가 (많이) 되다 ...
~에 대한 (좋은) 보상을 ...
이들의 노력 = **their ef...**

✎

➡ I think people ...
get great rewa...

3 번째 문장 영작해 보기

저 역시 제 일에 대한 보상으로 높은 급여를 받을 수 있다면
동기 부여가 많이 될 수 있을 겁니다.

힌트 제가 ~할 수 있다면 저는 ~할 수 있을 겁니다. = **I can** 동사 **if I can** 동사 .
동기 부여가 (많이) 되다 = **be (highly) motivated**
(높은) 급여를 받다 = **get a (high) salary**
~에 대한 보상으로 = **as a reward for** 명사 , 나의 일 = **my work**

✎

➡ I also can be highly motivated if I can get a high
salary as a reward for my work.

4 번째 문장 영작해 보기

따라서 제게 있어, 일에 관한 한
높은 급여가 가장 중요합니다.

힌트 제게 있어 = **to me**
~이 가장 중요합니다. = 명사 s(are) most important .
~에 있어서, ~에 관한 한 = **when it comes to** 명사
높은 급여 = **high salary** , 일 = **work**

✎

➡ So to me a high salary is most important when it comes
to work.

STEP **2**

답변 스스로 영작해 보기

영어 질문을 파악하고 한글로 된 예상 답변을 본 후엔, 예상 답변 속에 나와 있던 한글 문
장들을 하나씩 영작해 보게 됩니다. 각 문장을 영작할 때엔, 학습자들이 참고할 수 있는
영어 표현들이 힌트로 주어지고, 힌트 하단엔 문장을 직접 써 볼 수 있는 공간과 영작 정
답이 주어집니다.

STEP 3

'1분 영어 말하기 훈련 영상'을 보며 답변 말해 보기

앞서 배운 각각의 문장들을 모두 뭉뚱그려, 1개의 완벽한 영어 답변을 스스로 말해 보게 됩니다. 또한 각각의 답변마다 '1분 영어 말하기 훈련 영상(QR코드를 스캔 후 시청)'이 제공되기 때문에, 학습자들은 영상을 통해 원어민의 음성을 듣고 직접 따라 말하며 발음, 억양까지 정확하게 학습할 수 있습니다.

1분 말하기 훈련 051

자, 이제 1분 동안 '영어'로 답해 볼까요? 🎧 MP3 051

① 휴대폰으로 상단의 QR코드를 스캔한 후 '1분 영어 말하기 훈련 영상'이 재생되면,
② 원어민이 직접 녹음한 문장들을 한 문장씩 듣고 따라 말하는 연습을 하고,
③ 한 문장씩 말하는 연습을 끝낸 후엔, 1분 짜리 영어 답변을 스스로 말해 봅니다.

1 I think a high salary is more important when I work at a company. 2 I think people can be highly motivated when they can get great rewards for their efforts. 3 I also can be highly motivated if I can get a high salary as a reward for my work. 4 So, to me, a high salary is most important when it comes to work.

오늘의 영어회화 필수표현 총정리

001 **be (highly) motivated** = 동기 부여가 (많이) 되다
002 **get (great) rewards for** 명사 = ~에 대한 (좋은) 보상을 얻다
003 **get a (high) salary** = (높은) 급여를 받다
004 **get** 명사 **as a reward for A** = A에 대한 보상으로서 ~을 얻다

1분 말하기 훈련 051

자, 이제 1분 동안 '영어'로 답해 볼까요? 🎧 MP3 051

① 휴대폰으로 상단의 QR코드를 스캔한 후 '1분 영어 말하기 훈련 영상'이 재생되면,
② 원어민이 직접 녹음한 문장들을 한 문장씩 듣고 따라 하는 연습을 하고,
③ 한 문장씩 말하는 연습을 끝낸 후엔, 1분짜리 영어 답변을 스스로 말해 봅니다.

1 I think a high salary is more important when I work at a company. 2 I think people can be highly motivated when they can get great rewards for their efforts. 3 I also can be highly motivated if I can get a high salary as a reward for my work. 4 So, to me, a high salary is most important when it comes to work.

오늘의 영어회화 필수표현 총정리

001 **be (highly) motivated** = 동기 부여가 (많이) 되다
002 **get (great) rewards for** 명사 = ~에 대한 (좋은) 보상을 얻다
003 **get a (high) salary** = (높은) 급여를 받다
004 **get** 명사 **as a reward for A** = A에 대한 보상으로서 ~

오늘의 ~

001 **be (highly) motivated** = 동~

002 **get (great) rewards for** 명~

003 **get a (high) salary** = (높은)

004 **get** 명사 **as a reward fo**

STEP 4

답변 속 영어회화 필수표현 익히기

영상을 보며 '1분 영어 답변 말하기 훈련'까지 마친 후엔, 그날 배운 핵심적인 영어회화 필수표현을 정리하며 하루의 학습을 마무리합니다.

STEP 5

1문1답 영어회화 필수표현 200개 한눈에 모아 보기

교재를 모두 공부한 후 부록을 활용해 복습합니다. 1문1답 영어회화 필수표현 200개의 패턴을 하나씩 짚어 보면서, 새로운 문장을 영작해 영어로 말해 볼 수 있는지 스스로 테스트합니다. 한 번에 되지 않는다면 노트에 영작을 먼저 하는 연습을 충분히 한 뒤, 말하기 연습을 해 보는 방법도 있습니다. 이때 입 밖으로 소리 내어 말하는 과정은 필수입니다.

1문1답 영어회화 필수표현 200

☐ 001 **be (highly) motivated** = 동기 부여가 (많이) 되다
☐ 002 **get (great) rewards for 명사** = ~에 대한 (좋은) 보상을 얻다
☐ 003 **get a (high) salary** = (높은) 급여를 받다
☐ 004 **get 명사 as a reward for A** = A에 대한 보상으로서 ~을 얻다
☐ 005 **company benefits** = 회사의 복리 후생
☐ 006 **annual leave / maternity leave** = 연차 / 출산 휴가
☐ 007 **There are various kinds of 복수 명사 .** = 다양한 종류의 ~이 있습니다.
☐ 008 **The quality of my life would 동사 .** = 내 삶의 질은 ~하게 될 겁니다.
☐ 009 **One advantage is that 문장 .** = 한 가지 장점은 ~라는 점입니다.
☐ 010 **improve myself / self-improvement** = 내 자신을 발전시키다
☐ 011 **A that I can learn 명사 from** = 내가 ~을 배울 수 있는
☐ 012 **take an important role in 명사** = ~에서 중요한 역할
☐ 013 **A have(has) a better 명사 .** = A는 더 나은 ~을
☐ 014 **have a (strong) financial condition** = (탄탄한
☐ 015 **have benefits for employees** = 직원들을 위
☐ 016 **offer a (better) working environment** = (더
☐ 017 **It is effective to 동사 .** = ~하는 것은 효과적
☐ 018 **system of flexible working hours** = 근무 시
☐ 019 **It is good(helpful) to 동사 .** = ~하는 것은 좋
☐ 020 **increase work productivity(efficiency)** = 업무
☐ 021 **work as a team** = 팀으로서 일을 하다
☐ 022 **have(build) good teamwork** = 좋은 팀워크를 갖다(키우
☐ 023 **work well with each other** = 서로 일을 잘 하다
☐ 024 **communicate well with each other** = 서로 잘 소통하다
☐ 025 **have negative aspects** = 부정적인 측면을 갖고 있다

☐ 001 **be (highly) moti**
☐ 002 **get (great) rewar**
☐ 003 **get a (high) salary**
☐ 004 **get 명사 as a rev**
☐ 005 **company benefit**
☐ 006 **annual leave**

5가지 STEP의 핵심
딱 3가지만 기억하세요!

Lesson 051
회사의 근무 조건, '급여'

Q

Which do you think is more important, a high salary or company benefits?

당신은 높은 급여와 회사의 복리 후생 중 무엇이 더 중요하다고 생각하나요?

1

다양한 주제의 질문에 대해

---

1 I think a high salary is more important when I work at a company. 2 I think people can be highly motivated when they can get great rewards for their efforts. 3 I also can be highly motivated if I can get a high salary as a reward for my work. 4 So, to me, a high salary is most important when it comes to work.

오늘의 영어회화 필수표현 총정리

001 **be (highly) motivated** = 동기 부여가 (많이) 되다

2

1분 영어 답변을 하며 말하기 실력을 키우고

---

be highly motivated if I can get a high salary as a reward for my work. 4 So, to me, a high salary is most important when it comes to work.

오늘의 영어회화 필수표현 총정리

001 **be (highly) motivated** = 동기 부여가 (많이) 되다
002 **get (great) rewards for** 명사 = ~에 대한 (좋은) 보상을 얻다
003 **get a (high) salary** = (높은) 급여를 받다
004 **get** 명사 **as a reward for A** = A에 대한 보상으로서 ~을 얻다

Chapter 1 31

3

그 안의 핵심 표현들까지 자연스럽게 익히면

배운 것들이
진짜 입 밖으로 나오는 기적이 일어납니다!

교재의 모든 영어 답변을
1분 영어 말하기 훈련 영상과 함께 학습!

교재에 수록된 모든 영어 답변 100개를 활용한
'1분 영어 말하기 훈련 영상' QR코드입니다.

확장편 Lesson 51~100

휴대폰으로 해당 QR코드를 스캔하셔서 지금 바로 확인해 보세요.

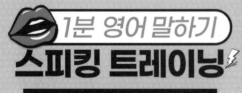

[하루 1문1답 영어 말하기의 기적]

어 말하기

스피킹 트레이닝

Lesson 100

영상의 길이는 4분 미만이며, 훈련은 아래와 같은 순서로 진행됩니다.

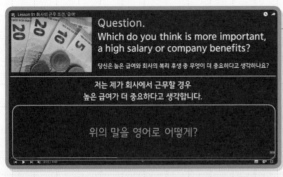

STEP ①

영상이 재생되면 질문과 함께 한글 문장이 하나씩 등장하게 됩니다. 이때 머릿속으로 각 문장을 어떻게 영작할지 스스로 생각해 봅니다.

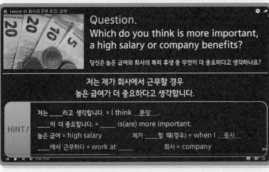

STEP ②

스스로 영작을 준비하는 동안, 영작을 할 때 힌트가 되는 표현들이 약 10초간 화면에 등장합니다. 이때 힌트를 보며 스스로 영작해 봅니다.

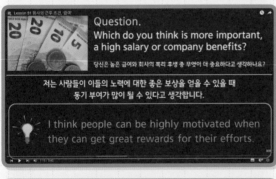

STEP ③

스스로 영작을 하고 난 뒤엔 영어 문장이 화면에 나옵니다. 각 문장은 원어민이 3번씩 읽어 주게 되며, 이때 이를 따라 말하며 연습합니다.

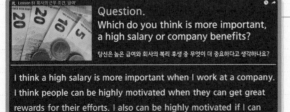

STEP ④

각 문장을 연습한 뒤엔, 전체 답변을 원어민의 음성으로 듣고 이를 따라 말해 봅니다. 이렇게 전체 답변까지 말하고 난 뒤엔 훈련이 종료됩니다.

CONTENTS

이 책의 차례 📅

학습 계획표 ⏰

학습 계획표 활용 방법

❶ 각 Lesson별로 자신이 학습한 날짜를 기재합니다.

❷ 그리고 각 Lesson에 따른 교재의 내용을 학습했는지,

❸ 그리고 교재 학습을 마무리한 후, '1분 말하기 훈련 영상'까지 제대로 학습했는지
   □에 ✓표시를 하도록 하세요.

학습 내용		학습 날짜		학습 완료 여부 체크	
Ch 1	Lesson 051	월	일	교재 학습 ☐	영상 훈련 ☐
	Lesson 052	월	일	교재 학습 ☐	영상 훈련 ☐
	Lesson 053	월	일	교재 학습 ☐	영상 훈련 ☐
	Lesson 054	월	일	교재 학습 ☐	영상 훈련 ☐
	Lesson 055	월	일	교재 학습 ☐	영상 훈련 ☐
	Lesson 056	월	일	교재 학습 ☐	영상 훈련 ☐
	Lesson 057	월	일	교재 학습 ☐	영상 훈련 ☐
	Lesson 058	월	일	교재 학습 ☐	영상 훈련 ☐
	Lesson 059	월	일	교재 학습 ☐	영상 훈련 ☐
Ch 2	Lesson 060	월	일	교재 학습 ☐	영상 훈련 ☐
	Lesson 061	월	일	교재 학습 ☐	영상 훈련 ☐
	Lesson 062	월	일	교재 학습 ☐	영상 훈련 ☐
	Lesson 063	월	일	교재 학습 ☐	영상 훈련 ☐
	Lesson 064	월	일	교재 학습 ☐	영상 훈련 ☐
	Lesson 065	월	일	교재 학습 ☐	영상 훈련 ☐
Ch 3	Lesson 066	월	일	교재 학습 ☐	영상 훈련 ☐
	Lesson 067	월	일	교재 학습 ☐	영상 훈련 ☐
	Lesson 068	월	일	교재 학습 ☐	영상 훈련 ☐
	Lesson 069	월	일	교재 학습 ☐	영상 훈련 ☐
	Lesson 070	월	일	교재 학습 ☐	영상 훈련 ☐
	Lesson 071	월	일	교재 학습 ☐	영상 훈련 ☐

	Lesson 072	월	일	교재 학습 ☐	영상 훈련 ☐
	Lesson 073	월	일	교재 학습 ☐	영상 훈련 ☐
	Lesson 074	월	일	교재 학습 ☐	영상 훈련 ☐
Ch 4	**Lesson 075**	월	일	교재 학습 ☐	영상 훈련 ☐
	Lesson 076	월	일	교재 학습 ☐	영상 훈련 ☐
	Lesson 077	월	일	교재 학습 ☐	영상 훈련 ☐
	Lesson 078	월	일	교재 학습 ☐	영상 훈련 ☐
	Lesson 079	월	일	교재 학습 ☐	영상 훈련 ☐
	Lesson 080	월	일	교재 학습 ☐	영상 훈련 ☐
Ch 5	**Lesson 081**	월	일	교재 학습 ☐	영상 훈련 ☐
	Lesson 082	월	일	교재 학습 ☐	영상 훈련 ☐
	Lesson 083	월	일	교재 학습 ☐	영상 훈련 ☐
	Lesson 084	월	일	교재 학습 ☐	영상 훈련 ☐
	Lesson 085	월	일	교재 학습 ☐	영상 훈련 ☐
	Lesson 086	월	일	교재 학습 ☐	영상 훈련 ☐
	Lesson 087	월	일	교재 학습 ☐	영상 훈련 ☐
	Lesson 088	월	일	교재 학습 ☐	영상 훈련 ☐
Ch 6	**Lesson 089**	월	일	교재 학습 ☐	영상 훈련 ☐
	Lesson 090	월	일	교재 학습 ☐	영상 훈련 ☐
	Lesson 091	월	일	교재 학습 ☐	영상 훈련 ☐
	Lesson 092	월	일	교재 학습 ☐	영상 훈련 ☐
	Lesson 093	월	일	교재 학습 ☐	영상 훈련 ☐
	Lesson 094	월	일	교재 학습 ☐	영상 훈련 ☐
	Lesson 095	월	일	교재 학습 ☐	영상 훈련 ☐
	Lesson 096	월	일	교재 학습 ☐	영상 훈련 ☐
	Lesson 097	월	일	교재 학습 ☐	영상 훈련 ☐
	Lesson 098	월	일	교재 학습 ☐	영상 훈련 ☐
	Lesson 099	월	일	교재 학습 ☐	영상 훈련 ☐
	Lesson 100	월	일	교재 학습 ☐	영상 훈련 ☐

Warm Up!

1분 말하기를 위한 입풀기운동

본격적인 1분 말하기 훈련에 앞서, 영어 말하기에 필요한 기본적인 사항들을 간략히 짚고 넘어가도록 하겠습니다. 영어 말하기를 할 때엔 '덩어리 단위로 영어 표현 학습하기, 적절한 연결어와 수식어 활용하기, 연기자처럼 감정을 실어 리드미컬하게 말하기' 등 크게 3가지로 생각해 볼 수 있습니다. 자, 그럼 한번 입풀기 운동을 시작해 볼까요?

Warm Up 1
표현은 '덩어리'로 알아둘 것!

표현을 '덩어리'로 알아둔다는 것은 과연 무엇을 의미하는 걸까요? 자, 보다 쉬운 설명을 위해 여러분이 아래와 같은 영어 단어를 공부했다고 가정해 봅시다.

> ▶ **get** = 받다, 얻다, 구하다 (과거형 동사는 'got')
> ▶ **first** = 첫째의, 첫 번째의, 우선, 맨 먼저
> ▶ **paycheck** = 급료, 봉급
> ▶ **have** = 가지다, 있다, 소유하다 (과거형 동사는 'had')
> ▶ **hard** = 딱딱한, 단단한, 굳은, 힘든
> ▶ **time** = 시간, 시기, 때
> ▶ **fail** = 실패하다, ~하지 못하다 (과거형 동사는 'failed')
> ▶ **job** = 일, 직장, 일자리

자, 그럼 이제 위에서 배운 영어 단어들을 활용해 아래를 영작해 보세요.

▶ 저는 첫 월급을 받았습니다.

_____

▶ 저는 힘든 시간을 보냈습니다.

_____

▶ 저는 회사에 들어가는 데에 실패했습니다.

_____

▶ 저는 일자리를 구했습니다.

_____

자, 영작해 보셨나요? 아마 '첫 월급을 받다 / 힘든 시간을 보내다 / ~하는 데에 실패하다 / 취업하다'라는 뜻의 영어 표현들을 모르고 계셨다면 앞에 나온 단어들을 일일이 조합해가며 영작하느라 꽤 시간이 걸렸을지도 모릅니다. 앞서 나온 단어들을 조합하여 표현 및 문장을 영어로 말해보면 바로 아래와 같습니다.

▶ **get one's first paycheck** = 첫 월급을 받다

저는 첫 월급을 받았습니다. ➡ I got my first paycheck.

▶ **have a hard time** = 힘든 시간을 보내다

저는 힘든 시간을 보냈습니다. ➡ I had a hard time.

▶ **fail to 동사** = ~하는 데에 실패하다

저는 회사에 들어가는 데에 실패했습니다. ➡ I failed to enter a company.

▶ **get a job** = 일자리를 구하다, 취업하다

저는 일자리를 구했습니다. ➡ I got a job.

위 표현들은 우리가 일상 생활에서 정말 자주 쓰는 표현들이라고 할 수 있습니다. 따라서 여러분이 'get / first / paycheck / have / hard / time / fail / job', 이렇게 하나하나 각각의 단어를 따로 외우는 것에서 그치는 것이 아니라 위와 같이 '덩어리'로 암기하게 되면 영작과 말하기가 훨씬 수월해집니다. 따라서 앞으로 자주 쓰는 표현들은 아래와 같이 '덩어리째' 알아두는 습관을 들이시기 바랍니다.

▶ **have trouble with 명사** = ~에 있어 어려움을 겪다

➡ have(가지다), trouble(어려움)이라고 따로 외우지 말고 통으로!

▶ **work overtime** = 야근(초과 근무)을 하다

➡ work(일하다), overtime(초과 근무)라고 따로 외우지 말고 통으로!

▶ **give a presentation** = 발표를 하다(진행하다)

➡ give(주다), presentation(발표)라고 따로 외우지 말고 통으로!

▶ **lose weight** = 살을 빼다, 체중을 감량하다

➡ lose(잃다), weight(체중)이라고 따로 외우지 말고 통으로!

Warm Up 2
'연결어 & 수식어'를 활용할 것!

자, 여러분이 바로 아래와 같은 질문을 받았다고 가정해 봅시다.

Question
당신의 삶에서 가장 행복했던 순간을 제게 말해 보세요.

그리고 위 질문에 아래와 같이 2개의 답변을 했다고 가정해 봅시다.

Answer 1
제 생각에 제 가장 행복했던 순간은 제가 첫 월급을 받았을 때입니다.
저는 1년간 취업하는 데에 실패했습니다.
저는 매우 힘든 시간을 보냈습니다.
저는 1년 뒤 일자리를 구했고,
첫 월급을 받았을 때 전 너무나 기뻤습니다.
저는 부모님께 선물을 사드렸습니다. 제 친구들과 술자리를 가졌습니다.

Answer 2
제 생각에 제 가장 행복했던 순간은 제가 첫 월급을 받았을 때입니다.
졸업 후, 저는 매우 힘든 시간을 보냈는데
왜냐하면 1년간 취업하는 데에 실패했기 **때문입니다**.
하지만 마침내 저는 1년 뒤 일자리를 구했고,
따라서 첫 월급을 받았을 때 전 너무나 기뻤습니다.
그 돈으로, 저는 부모님께 선물을 사드리**고** 제 친구들과 술자리를 가졌습니다.

자, 위 2개의 답변 중 어느 것이 더 자연스러운가요? 아마 두 번째 답변이 훨씬 자연스럽다고 생각하셨을 겁니다. 이렇듯 사람이 '말'을 할 때엔, '~ 후에, 왜냐하면 ~ 때문입니다, 하지만, 따라서, 그리고'와 같은 적절한 '연결어'를 사용해야 하고, 이러한 연결어 외에도 '마침내, 그 돈으로'와 같이 앞뒤 문장이 자연스럽게 연결될 수 있도록 해주는 수식어들을 덧붙여줘야 합니다.

자, 그럼 앞서 답변을 그대로 영어로 바꾸어 말해보도록 합시다.

Answer

I think my happiest moment is when I got my first paycheck.
제 생각에 제 가장 행복했던 순간은 제가 첫 월급을 받았을 때입니다.

After I graduated, I had a really hard time
졸업 후, 저는 매우 힘든 시간을 보냈는데

because I failed to enter a company for a year.
왜냐하면 1년간 취업하는 데에 실패했기 **때문입니다**.

But I **finally** got a job after one year,
하지만 마침내 저는 1년 뒤 일자리를 구했고,

so I was very happy when I got my first paycheck.
따라서 첫 월급을 받았을 때 전 너무나 기뻤습니다.

With that money, I bought some presents for my parents **and**
그 돈으로, 저는 부모님께 선물을 사드리**고**

had drinks with my friends.
제 친구들과 술자리를 가졌습니다.

위에서 볼 수 있듯이 'after(~ 후에), because(왜냐하면 ~ 때문입니다), but(하지만), so(따라서), and(그리고)'와 같은 연결어, 그리고 'finally(마침내), with that money(그 돈으로)와 같이 앞뒤 문장을 자연스럽게 연결해주는 수식어로 답변이 훨씬 자연스러워진 걸 보실 수 있습니다. 앞으로 영어로 말할 때엔 이러한 연결어와 수식어를 잘 활용해야 보다 자연스러운 말하기가 될 수 있습니다.

대표적인 연결어 예시들

▶ **and** = 그리고 / **but, however** = 하지만 / **so, therefore** = 따라서
▶ **before** = ~ 전에 / **after** = ~ 후에 / **then** = 그 다음에
▶ **because** = 왜냐하면 ~ 때문입니다 / **when** = ~할(일) 때

자, 오른쪽 괄호 안의 지시에 따라 빨간 부분을 강조하며 아래를 읽어 봅시다.

I think my happiest moment is / (마치 회상하듯 말하며 한 템포 쉬고)

제 생각에 제 가장 행복했던 순간은

when I got my first paycheck. // (본론 말하며 마무리)

제가 첫 월급을 받았을 때입니다.

After I graduated, / (마치 회상하듯 말하며 한 템포 쉬고)

졸업 후,

I had a really hard time / (힘들었다는 듯 말하며 한 템포 또 쉬고)

저는 매우 힘든 시간을 보냈는데

because I failed to enter a company for a year. // (이유 말하며 마무리)

왜냐하면 1년간 취업하는 데에 실패했기 때문입니다.

But / (반전이 있다는 듯 말하며 한 템포 쉬고)

하지만

I finally got a job after one year, / (반전의 내용을 말하며 한 템포 쉬고)

마침내 저는 1년 뒤 일자리를 구했고,

so I was very happy when I got my first paycheck. // (나머지 말하며 마무리)

따라서 첫 월급을 받았을 때 전 너무나 기뻤습니다.

With that money, / (돈으로 뭘 했을지 궁금해 하라는 듯 한 템포 쉬고)

그 돈으로,

I bought some presents for my parents / (한 가지를 말한 뒤 한 템포 쉬고)

저는 부모님께 선물을 사드리고

and had drinks with my friends. // (나머지 내용을 말하며 마무리)

제 친구들과 술자리를 가졌습니다.

차, 괄호 안 지시에 나와있는 대로 빨간색으로 된 부분들을 강조하며 영어 문장을 읽어보셨나요? 아마 완벽하진 아니었을지라도 영혼 없이 기계처럼 줄줄 읽어내려 가는 것보다는 훨씬 더 영어다운 느낌이 드셨을 겁니다. 영어는 발음도 중요하지만, 그보다도 감정을 실어 중요한 타이밍에서는 적절히 끊고, 강조해야 할 부분은 상대적으로 포인트를 주며 말할 줄 아는 것이 더 중요합니다. 이를 충분히 숙지한 상태에서 아래 질문에 대한 답변을 다시 한 번 스스로 말해보도록 하세요.

Question
Tell me about the happiest moment in your life.
당신의 삶에서 가장 행복했던 순간을 제게 말해 보세요.

Answer
I think my happiest moment **is / when I got my** first paycheck. //
After I graduated, / **I had a** really hard time /
because I failed **to enter a** company **for a year.** //
But / **I finally got a** job **after one year,** /
so I was very happy **when I got my** first paycheck. //
With that money, / **I bought some** presents **for my** parents /
and had drinks **with my** friends. //

제 생각에 제 가장 행복했던 순간은 제가 첫 월급을 받았을 때입니다.
졸업 후, 저는 매우 힘든 시간을 보냈는데
왜냐하면 1년간 취업하는 데에 실패했기 때문입니다.
하지만 마침내 저는 1년 뒤 일자리를 구했고,
따라서 첫 월급을 받았을 때 전 너무나 기뻤습니다.
그 돈으로, 저는 부모님께 선물을 사드리고
제 친구들과 술자리를 가졌습니다.

지금까지 우리는 'Warm Up'을 통해서 영어 말하기에 필요한 가장 기본적인 3가지 사항들을 간략하게 짚고 넘어갔습니다. 그럼 이제부터는 본격적인 1문1답 영어 말하기 훈련에 돌입하도록 하겠습니다. 자, 준비되셨나요? Let's get started!

Chapter 1

일에 대해
영어로말하기

회사의 근무 조건, '급여'

Which do you think is more important, a high salary or company benefits?

당신은 높은 급여와 회사의 복리 후생 중
무엇이 더 중요하다고 생각하나요?

이런 내용으로 답해 보면 어떨까요?

저는 제가 회사에서 근무할 경우 높은 급여가 더 중요하다고 생각합니다. 저는 사
람들이 이들의 노력에 대한 좋은 보상을 얻을 수 있을 때 동기 부여가 많이 될 수 있
다고 생각합니다. 저 역시 제 일에 대한 보상으로 높은 급여를 받을 수 있다면 동기
부여가 많이 될 수 있을 겁니다. 따라서 제게 있어, 일에 관한 한 높은 급여가 가장
중요합니다.

1

번째 문장 영작해 보기

저는 제가 회사에서 근무할 경우
높은 급여가 더 중요하다고 생각합니다.

힌트   저는 ~라고 생각합니다. = **I think** <u>문장</u> .
~이 더 중요합니다. = <u>명사</u> **is(are) more important**.
높은 급여 = **high salary**, 제가 ~할 때(경우) = **when I** <u>동사</u>
~에서 근무하다 = **work at** <u>명사</u> , 회사 = **company**

⇒ I think a high salary is more important when I work at
a company.

2

번째 문장 영작해 보기

저는 사람들이 이들의 노력에 대한 좋은 보상을 얻을 수 있을 때
동기 부여가 많이 될 수 있다고 생각합니다.

힌트   사람들은 ~할 수 있습니다. = **People can** <u>동사</u> .
동기 부여가 (많이) 되다 = **be (highly) motivated**
~에 대한 (좋은) 보상을 얻다 = **get (great) rewards for** <u>명사</u>
이들의 노력 = **their efforts**

⇒ I think people can be highly motivated when they can
get great rewards for their efforts.

3 번째 문장 영작해 보기

저 역시 제 일에 대한 보상으로 높은 급여를 받을 수 있다면
동기 부여가 많이 될 수 있을 겁니다.

힌트 제가 ~할 수 있다면 저는 ~할 수 있을 겁니다. = **I can** <u>동사</u> **if I can** <u>동사</u>.
동기 부여가 (많이) 되다 = **be (highly) motivated**
(높은) 급여를 받다 = **get a (high) salary**
~에 대한 보상으로 = **as a reward for** <u>명사</u>, 나의 일 = **my work**

➡ I also can be highly motivated if I can get a high salary as a reward for my work.

4 번째 문장 영작해 보기

따라서 제게 있어, 일에 관한 한
높은 급여가 가장 중요합니다.

힌트 제게 있어 = **to me**
~이 가장 중요합니다. = <u>명사</u> **is(are) most important**.
~에 있어서, ~에 관한 한 = **when it comes to** <u>명사</u>
높은 급여 = **high salary**, 일 = **work**

➡ So, to me, a high salary is most important when it comes to work.

자, 이제 1분 동안 '영어'로 답해 볼까요? 🎧 **MP3 051**

① 휴대폰으로 상단의 QR코드를 스캔한 후 '1분 영어 말하기 훈련 영상'이 재생되면,
② 원어민이 직접 녹음한 문장들을 한 문장씩 듣고 따라 말하는 연습을 하고,
③ 한 문장씩 말하는 연습을 끝낸 후엔, 1분짜리 영어 답변을 스스로 말해 봅니다.

1 I think a high salary is more important when I work at a company. **2** I think people can be highly motivated when they can get great rewards for their efforts. **3** I also can be highly motivated if I can get a high salary as a reward for my work. **4** So, to me, a high salary is most important when it comes to work.

오늘의 영어회화 필수표현 총정리

001 **be (highly) motivated** = 동기 부여가 (많이) 되다

002 **get (great) rewards for** 명사 = ～에 대한 (좋은) 보상을 얻다

003 **get a (high) salary** = (높은) 급여를 받다

004 **get** 명사 **as a reward for A** = A에 대한 보상으로서 ～을 얻다

Lesson 052

회사의 근무 조건, '복지'

Q

Which do you think is more important, a high salary or company benefits?

당신은 높은 급여와 회사의 복리 후생 중 무엇이 더 중요하다고 생각하나요?

이런 내용으로 답해 보면 어떨까요?

저는 제가 회사에서 근무할 경우 회사의 복리 후생이 더 중요하다고 생각합니다. 연차, 혹은 출산 휴가와 같은 다양한 종류의 회사 복리 후생 제도들이 존재합니다. 만약 제가 저러한 것들을 제대로 쓸 수 없다면, 제 삶의 질은 낮아지게 될 것입니다. 따라서 제게 있어, 일에 관한 한 회사의 복리 후생이 가장 중요합니다.

1

번째 문장 영작해 보기

저는 제가 회사에서 근무할 경우
회사의 복리 후생이 더 중요하다고 생각합니다.

힌트 저는 ~라고 생각합니다. = **I think** _문장_ .
~이 더 중요합니다. = _명사_ **is(are) more important**.
회사의 복리 후생 = **company benefits**. 제가 ~할 때(경우) = **when I** _동사_
~에서 근무하다 = **work at** _명사_ . 회사 = **company**

_____

_____

➡ I think company benefits are more important when I
work at a company.

2

번째 문장 영작해 보기

연차, 혹은 출산 휴가와 같은
다양한 종류의 회사 복리 후생 제도들이 존재합니다.

힌트 ~이 있습니다(존재합니다). = **There is(are)** _명사_ .
다양한 종류의 ~ = **various kinds of** _복수 명사_
회사의 복리 후생 = **company benefits**. ~와 같은 = **like** _명사_
연차 = **annual leave**. 출산 휴가 = **maternity leave**

_____

_____

➡ There are various kinds of company benefits like
annual leave or maternity leave.

3 번째 문장 영작해 보기

만약 제가 저러한 것들을 제대로 쓸 수 없다면,
제 삶의 질은 낮아지게 될 것입니다.

힌트 만약 제가 ~할 수 없다면 = **if I can't 동사**
~을 제대로 쓰다(사용하다) = **use 명사 properly**
A는 (아마) ~하게 될 것입니다. = **A would 동사 .**
내 삶의 질 = **the quality of my life**, 감소하다, 낮아지다 = **decline**

_____

_____

➡ If I can't use those things properly, the quality of my
life would decline.

4 번째 문장 영작해 보기

따라서 제게 있어, 일에 관한 한
회사의 복리 후생이 가장 중요합니다.

힌트 제게 있어 = **to me**
~이 가장 중요합니다. = **명사 is(are) most important.**
~에 있어서, ~에 관한 한 = **when it comes to 명사**
회사의 복리 후생 = **company benefits**, 일 = **work**

_____

_____

➡ So, to me, company benefits are most important when
it comes to work.

자, 이제 1분 동안 '영어'로 답해 볼까요? 🎧 MP3 052

① 휴대폰으로 상단의 QR코드를 스캔한 후 '1분 영어 말하기 훈련 영상'이 재생되면,
② 원어민이 직접 녹음한 문장들을 한 문장씩 듣고 따라 말하는 연습을 하고,
③ 한 문장씩 말하는 연습을 끝낸 후엔, 1분짜리 영어 답변을 스스로 말해 봅니다.

1 I think company benefits are more important when I work at a company. 2 There are various kinds of company benefits like annual leave or maternity leave. 3 If I can't use those things properly, the quality of my life would decline. 4 So, to me, company benefits are most important when it comes to work.

오늘의 영어회화 필수표현 총정리

005 **company benefits** = 회사의 복리 후생
006 **annual leave / maternity leave** = 연차 / 출산 휴가
007 **There are various kinds of** ___복수 명사___ . = 다양한 종류의 ～이 있습니다.
008 **The quality of my life would** ___동사___ . = 내 삶의 질은 ～하게 될 겁니다.

Lesson 053

큰 회사의 장점, '기회의 장소'

Q

In your opinion, what are the advantages of working at a large company?

당신 견해로 봤을 때, 큰 회사에서 근무하는 것의 장점은 무엇인가요?

이런 내용으로 답해 보면 어떨까요?

제 생각에 한 가지 장점은 이곳(큰 회사)이 작은 회사보다 제 자신을 발전시키기에 더 나은 곳이라는 점입니다. 큰 회사에는, 제가 많은 것들을 배울 수 있는 선임 직원들이 좀더 많습니다. 또한, 다양한 프로젝트에서 중요한 역할들을 맡을 기회들도 좀더 많이 존재합니다. 따라서 작은 회사에 비해, 저는 이곳(큰 회사)이 자기 발전에 더 나은 곳이라 생각합니다.

1

번째 문장 영작해 보기

제 생각에 한 가지 장점은 이곳(큰 회사)이 작은 회사보다
제 자신을 발전시키기에 더 나은 곳이라는 점입니다.

힌트   제 생각에 ~입니다. = **I think** _문장_ .
한 가지 장점은 ~라는 점입니다. = **One advantage is that** _문장_ .
이곳이 ~하기에 더 나은 곳입니다. = **It is a better place to** _동사_ .
나 자신을 발전시키다 = **improve myself**, ~보다 = **than** _명사_

➡ I think one advantage is that it is a better place to
improve myself than a small company.

2

번째 문장 영작해 보기

큰 회사에는, 제가 많은 것들을 배울 수 있는
선임 직원들이 좀더 많습니다.

힌트   큰 회사에는 = **in a large company**
~이 좀더 많습니다. = **There are more** _복수 명사_ .
내가 ~을 배울 수 있는 A(라는 사람) = **A that I can learn** _명사_ **from**
선임 직원 = **senior worker**, 많은 것들 = **many things**

➡ In a large company, there are more senior workers
that I can learn many things from.

3

번째 문장 영작해 보기

또한, 다양한 프로젝트에서 중요한 역할들을 맡을
기회들도 좀더 많이 존재합니다.

힌트 〜이 좀더 많이 있습니다(존재합니다). = **There are more** <u>복수 명사</u> .
〜할 기회 = **chance to** <u>동사</u>
〜한 역할들을 맡다 = **take** <u>형용사</u> **roles**. 중요한 = **important**
다양한 프로젝트에서 = **in various projects**

➡ Also, there are more chances to take important roles in various projects.

4

번째 문장 영작해 보기

따라서 작은 회사에 비해, 저는 이곳(큰 회사)이
자기 발전에 더 나은 곳이라 생각합니다.

힌트 〜에 비해 = **compared to** <u>명사</u> . 작은 회사 = **small company**
저는 〜라고 생각합니다. = **I think** <u>문장</u> .
이곳이 〜에 더 나은 곳입니다. = **It is a better place for** <u>명사</u> .
자기 발전 = **self-improvement**

➡ So, compared to a small company, I think it is a better place for self-improvement.

자, 이제 1분 동안 '영어'로 답해 볼까요? **MP3 053**

① 휴대폰으로 상단의 QR코드를 스캔한 후 '1분 영어 말하기 훈련 영상'이 재생되면,
② 원어민이 직접 녹음한 문장들을 한 문장씩 듣고 따라 말하는 연습을 하고,
③ 한 문장씩 말하는 연습을 끝낸 후엔, 1분짜리 영어 답변을 스스로 말해 봅니다.

1 I think one advantage is that it is a better place to improve myself than a small company. **2** In a large company, there are more senior workers that I can learn many things from. **3** Also, there are more chances to take important roles in various projects. **4** So, compared to a small company, I think it is a better place for self-improvement.

오늘의 영어회화 필수표현 총정리

009 **One advantage is that** 문장 . = 한 가지 장점은 ~라는 점입니다.

010 **improve myself / self-improvement** = 내 자신을 발전시키다 / 자기 발전

011 **A that I can learn** 명사 **from** = 내가 ~을 배울 수 있는 A(라는 사람)

012 **take an important role in** 명사 = ~에서 중요한 역할을 맡다

Lesson
054

큰 회사의 장점, '좋은 근무 환경'

Q

In your opinion, what are the advantages of working at a large company?

당신 견해로 봤을 때, 큰 회사에서 근무하는 것의 장점은 무엇인가요?

이런 내용으로 답해 보면 어떨까요?

제 생각에 한 가지 장점은 바로 제가 좀더 나은 환경에서 근무할 수 있다는 점입니다. 주로, 큰 회사는 작은 회사보다 좀더 탄탄한 재정 조건을 갖추고 있습니다. 또한, 이곳(큰 회사)은 보통 연차와 같은 직원들을 위한 더 나은 복지 혜택을 갖추고 있습니다. 따라서, 작은 회사에 비해, 저는 이곳(큰 회사)이 더 나은 근무 환경을 제공한다고 생각합니다.

1 번째 문장 영작해 보기

제 생각에 한 가지 장점은 바로
제가 좀더 나은 환경에서 근무할 수 있다는 점입니다.

 제 생각에 ~입니다. = **I think** 문장 .
한 가지 장점은 ~라는 점입니다. = **One advantage is that** 문장 .
저는 ~할 수 있습니다. = **I can** 동사 .
일하다, 근무하다 = **work**, 좀더 나은 환경에서 = **in a better environment**

➡ I think one advantage is that I can work in a better environment.

2 번째 문장 영작해 보기

주로, 큰 회사는 작은 회사보다 좀더 탄탄한
재정 조건을 갖추고 있습니다.

 주로, 보통 = **usually**, 큰 회사 = **large company**
A는 ~을 갖고(갖추고) 있습니다. = **A have(has)** 명사 .
좀더 탄탄한(강한) = **stronger**, 재정 조건 = **financial condition**
~보다 = **than** 명사 , 작은 회사 = **small company**

➡ Usually, a large company has a stronger financial condition than a small company.

3 번째 문장 영작해 보기

또한, 이곳(큰 회사)은 보통 연차와 같은 직원들을 위한
더 나은 복지 혜택을 갖추고 있습니다.

힌트 이곳은 (보통) ~을 갖추고 있습니다. = **It (usually) has** __명사__ .
더 나은 = **better**, 복지 혜택 = **benefits**
~와 같은 = **like** __명사__ , 연차 = **annual leave**
~을 위한 = **for** __명사__ , 직원 = **employee**

_____

_____

➡ Also, it usually has better benefits like annual leave
for employees.

4 번째 문장 영작해 보기

따라서 작은 회사에 비해, 저는 이곳(큰 회사)이
더 나은 근무 환경을 제공한다고 생각합니다.

힌트 ~에 비해 = **compared to** __명사__ , 작은 회사 = **small company**
저는 ~라고 생각합니다. = **I think** __문장__ .
이곳은 ~을 제공합니다. = **It offers** __명사__ .
더 나은 = **better**, 근무(업무) 환경 = **working environment**

_____

_____

➡ So, compared to a small company, I think it offers a
better working environment.

자, 이제 1분 동안 '영어'로 답해 볼까요? 🎧 MP3 054

① 휴대폰으로 상단의 QR코드를 스캔한 후 '1분 영어 말하기 훈련 영상'이 재생되면,
② 원어민이 직접 녹음한 문장들을 한 문장씩 듣고 따라 말하는 연습을 하고,
③ 한 문장씩 말하는 연습을 끝낸 후엔, 1분짜리 영어 답변을 스스로 말해 봅니다.

1 I think one advantage is that I can work in a better environment. **2** Usually, a large company has a stronger financial condition than a small company. **3** Also, it usually has better benefits like annual leave for employees. **4** So, compared to a small company, I think it offers a better working environment.

오늘의 영어회화 필수표현 총정리

013 **A have(has) a better** 명사 . = A는 더 나은 ~을 갖추고 있습니다.

014 **have a (strong) financial condition** = (탄탄한) 재정 조건을 갖추다

015 **have benefits for employees** = 직원들을 위한 복지 혜택을 갖추다

016 **offer a (better) working environment** = (더 나은) 근무 환경을 제공하다

근무 시간 자유 선택제

Q

Some companies use a system of flexible working hours. Do you think it is effective?

일부 회사들은 근무 시간 자유 선택제를 활용하고 있습니다. 당신은 이것이 효과적이라고 생각하나요?

이런 내용으로 답해 보면 어떨까요?

네, 저는 근무 시간 자유 선택제를 활용하는 것이 효과적이라고 생각합니다. 사람들은 이 시스템을 기반으로 자신들에게 가장 효과적인 근무 시간을 선택할 수 있습니다. 그리고 이는 업무 생산성과 효율성을 높이는 데에 매우 도움이 될 것입니다. 따라서 저는 좀더 나은 업무 환경을 위해 이 같은 시스템을 활용하는 것이 좋다고 생각합니다.

1 번째 문장 영작해 보기

네, 저는 근무 시간 자유 선택제를 활용하는 것이
효과적이라고 생각합니다.

힌트　저는 ~라고 생각합니다. = **I think** 　문장　.
　　　~하는 것은 ~합니다. = **It is** 　형용사　 **to** 　동사　.
　　　효과적인 = **effective**, 사용(활용)하다 = **use**
　　　근무 시간 자유 선택제 = **system of flexible working hours**

➡ Yes, I think it is effective to use a system of flexible
working hours.

2 번째 문장 영작해 보기

사람들은 이 시스템을 기반으로 자신들에게
가장 효과적인 근무 시간을 선택할 수 있습니다.

힌트　사람들은 ~할 수 있습니다. = **People can** 　동사　.
　　　선택하다, 고르다 = **choose**, 이들 자신들에게 = **for themselves**
　　　가장 효과적인 ~ = **the most effective** 　명사　
　　　근무 시간 = **working time**, ~으로(~을 기반으로) = **with** 　명사　

➡ People can choose the most effective working time
for themselves with this system.

3 번째 문장 영작해 보기

그리고 이는 업무 생산성과 효율성을 높이는 데에
매우 도움이 될 것입니다.

 힌트 이는 (아마도) ~하는 데에 도움이 될 것입니다.
= **It would be helpful for** 동사-ing .
증가시키다, 늘리다, 높이다 = **increase**
업무 생산성 = **work productivity**, 업무 효율성 = **work efficiency**

➡ And it would be very helpful for increasing work
productivity and efficiency.

4 번째 문장 영작해 보기

따라서 저는 좀더 나은 업무 환경을 위해
이 같은 시스템을 활용하는 것이 좋다고 생각합니다.

 힌트 저는 ~라고 생각합니다. = **I think** 문장 .
A를 위해 ~하는 것은 ~합니다. = **It is** 형용사 **to** 동사 **for A**.
좋은 = **good**, 사용(활용)하다 = **use**
좀더 나은 = **better**, 근무(업무) 환경 = **working environment**

➡ So I think it is good to use this system for a better
working environment.

자, 이제 1분 동안 '영어'로 답해 볼까요? 🎧 **MP3 055**

① 휴대폰으로 상단의 QR코드를 스캔한 후 '1분 영어 말하기 훈련 영상'이 재생되면,
② 원어민이 직접 녹음한 문장들을 한 문장씩 듣고 따라 말하는 연습을 하고,
③ 한 문장씩 말하는 연습을 끝낸 후엔, 1분짜리 영어 답변을 스스로 말해 봅니다.

1 Yes, I think it is effective to use a system of flexible working hours. **2** People can choose the most effective working time for themselves with this system. **3** And it would be very helpful for increasing work productivity and efficiency. **4** So I think it is good to use this system for a better working environment.

오늘의 영어회화 필수표현 총정리

017 **It is effective to** ___동사___ . = ~하는 것은 효과적입니다.

018 **system of flexible working hours** = 근무 시간 자유 선택제

019 **It is good(helpful) to** ___동사___ . = ~하는 것은 좋습니다(도움이 됩니다).

020 **increase work productivity(efficiency)** = 업무 생산성(효율성)을 높이다

팀워크의 중요성

Please tell me about the importance of 'Teamwork' at work.

업무에 있어 '팀워크'의 중요성에 대해
제게 이야기해 보세요.

이런 내용으로 답해 보면 어떨까요?

저는 좋은 팀워크가 업무 생산성 및 업무 효율성을 높인다고 생각합니다. 직원들은
회사에서 일할 때 주로 팀으로서 일을 해야만 합니다. 따라서 서로 일을 잘 하기
위해 이들이 좋은 팀워크를 가지는 것은 매우 중요합니다. 그리고 좋은 팀워크를 키
우려면 이들(직원들)은 서로 잘 소통하기 위해 노력해야 합니다.

1 번째 문장 영작해 보기

저는 좋은 팀워크가 업무 생산성 및 업무 효율성을
높인다고 생각합니다.

힌트 저는 ~라고 생각합니다. = **I think that** ___문장___ .
A는 ~을 높입니다(증가시킵니다). = **A increase(s)** ___명사___ .
좋은 = **good**, 팀워크 = **teamwork**
업무 생산성 = **work productivity**, 업무 효율성 = **work efficiency**

_____

_____

➡ I think that good teamwork increases work productivity
and work efficiency.

2 번째 문장 영작해 보기

직원들은 회사에서 일할 때
주로 팀으로서 일을 해야만 합니다.

힌트 A는 (주로) ~해야만 합니다. = **A (usually) have/has to** ___동사___ .
직원 = **employee**, ~로서 일하다 = **work as** ___명사___ , 팀 = **team**
이들이 ~할 때 = **when they** ___동사___
~에서 일하다 = **work in/at** ___명사___ , 이들의 회사 = **their companies**

_____

_____

➡ Employees usually have to work as a team when they
work in their companies.

3 번째 문장 영작해 보기

따라서 서로 일을 잘 하기 위해 이들이
좋은 팀워크를 가지는 것은 매우 중요합니다.

힌트 ~하기 위해 A가 ~하는 것은 (매우) 중요합니다.
= **It is (very) important for A to** _동사_ **to** _동사_ .
좋은 팀워크를 가지다 = **have good teamwork**
~와 일을 잘 하다 = **work well with** _명사_ , 서로 = **each other**

➡ So it is very important for them to have good teamwork
to work well with each other.

4 번째 문장 영작해 보기

그리고 좋은 팀워크를 키우려면 이들(직원들)은
서로 잘 소통하기 위해 노력해야 합니다.

힌트 ~하려면 A는 ~해야 합니다. = **To** _동사_ , **A should** _동사_ .
좋은 팀워크를 키우다 = **build good teamwork**
~하기 위해 노력하다. = **try to** _동사_
서로 잘 소통(대화)하다 = **communicate well with each other**

➡ And, to build good teamwork, they should try to
communicate well with each other.

1분 말하기 훈련 056

자, 이제 1분 동안 '영어'로 답해 볼까요? 🎧 MP3 056

① 휴대폰으로 상단의 QR코드를 스캔한 후 '1분 영어 말하기 훈련 영상'이 재생되면,
② 원어민이 직접 녹음한 문장들을 한 문장씩 듣고 따라 말하는 연습을 하고,
③ 한 문장씩 말하는 연습을 끝낸 후엔, 1분짜리 영어 답변을 스스로 말해 봅니다.

1 I think that good teamwork increases work productivity and work efficiency. **2** Employees usually have to work as a team when they work in their companies. **3** So it is very important for them to have good teamwork to work well with each other. **4** And, to build good teamwork, they should try to communicate well with each other.

오늘의 영어회화 필수표현 총정리

021 **work as a team** = 팀으로서 일을 하다
022 **have(build) good teamwork** = 좋은 팀워크를 갖다(키우다)
023 **work well with each other** = 서로 일을 잘 하다
024 **communicate well with each other** = 서로 잘 소통하다

Lesson
057

회사 내 계급 체계

Q

What do you think of the traditional hierarchical system of Korean companies?

당신은 한국 회사의 전통적 계급 제도에 대해
어떻게 생각하나요?

이런 내용으로 답해 보면 어떨까요?

저는 이것(한국 회사의 전통적 계급 제도)이 부정적 측면을 상당히 많이 갖고 있다고 생각합니다. 일부 회사들에서, 부하 직원들은 자신감을 갖고 자유롭게 자신들의 의견을 표현할 수 없습니다. 이들은 단지 자신들의 상사에게 '네'라고 말하고 이들 상사들의 결정에 따를 것을 강요 받습니다. 만약 이들이 그렇게 하지 않을 경우, 이들은 자신들의 상사를 무시하는 사람으로 여겨집니다.

1

번째 문장 영작해 보기

저는 이것(한국 회사의 전통적 계급 제도)이 부정적 측면을
상당히 많이 갖고 있다고 생각합니다.

힌트
저는 ~라고 생각합니다. = **I think** ___문장___.
이것은 ~을 갖고 있습니다. = **It has** ___명사___.
상당히 많은 ~ = **quite a lot of** ___복수 명사___
부정적인 = **negative**, 측면, 양상 = **aspect**

➡ I think it has quite a lot of negative aspects.

2

번째 문장 영작해 보기

일부 회사들에서, 부하 직원들은 자신감을 갖고
자유롭게 자신들의 의견을 표현할 수 없습니다.

힌트
일부 회사들에서 = **in some companies**
A는 자유롭게 ~할 수 없습니다. = **A can't freely** ___동사___.
부하(하급) 직원 = **junior staff**
표현(표출)하다 = **express**, 이들의 의견 = **their opinions**
자신감을 갖고 = **with confidence**

➡ In some companies, junior staff can't freely express
their opinions with confidence.

3 번째 문장 영작해 보기

이들은 단지 자신들의 상사에게 '네'라고 말하고
이들 상사들의 결정에 따를 것을 강요 받습니다.

 이들은 (단지) ~할 것을 강요 받습니다. = **They are (just) forced to** 동사 .
A에게 ~라고 말하다 = **say** 명사 **to A**
이들의 상사들 = **their bosses**, 따르다 = **follow**
이들 상사들의 결정 = **their bosses' decisions**

➡ They are just forced to say 'yes' to their bosses and
follow their bosses' decisions.

4 번째 문장 영작해 보기

만약 이들이 그렇게 하지 않을 경우,
이들은 자신들의 상사를 무시하는 사람으로 여겨집니다.

 만약 이들이 ~하지 않을 경우 = **if they don't** 동사
그렇게 하다 = **do that**
이들은 ~으로 여겨집니다. = **They are thought of as** 명사 .
~하는 어떤 사람 = **someone who** 동사-(e)s . 무시하다 = **ignore**

➡ If they don't do that, they are thought of as
someone who ignores their bosses.

자, 이제 1분 동안 '영어'로 답해 볼까요? MP3 057

① 휴대폰으로 상단의 QR코드를 스캔한 후 '1분 영어 말하기 훈련 영상'이 재생되면,
② 원어민이 직접 녹음한 문장들을 한 문장씩 듣고 따라 말하는 연습을 하고,
③ 한 문장씩 말하는 연습을 끝낸 후엔, 1분짜리 영어 답변을 스스로 말해 봅니다.

1 I think it has quite a lot of negative aspects. **2** In some companies, junior staff can't freely express their opinions with confidence. **3** They are just forced to say 'yes' to their bosses and follow their bosses' decisions. **4** If they don't do that, they are thought of as someone who ignores their bosses.

오늘의 영어회화 필수표현 총정리

025 **have negative aspects** = 부정적인 측면을 갖고 있다

026 **freely express one's opinion** = 자유롭게 ～의 의견을 표현(표출)하다

027 **follow one's decision** = ～의 결정을 따르다

028 **A is(are) thought of as** <u>명사</u> . = A는 ～으로 여겨집니다.

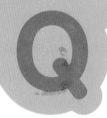

Lesson
058

상사와 직원의 관계

What should managers do to motivate employees to work hard?

관리자들은 직원들이 열심히 일하도록
동기 부여하기 위해 뭘 해야 할까요?

전 관리자들이 직원들에게 가까워지도록 노력해야 한다고 생각합니다. 관리자들이 가까워지기에 너무 엄격하고 까다로울 경우, 직원들은 일을 제대로 할 수 없습니다. 이것은 대화 부족으로 이어질 수 있고, 이는 업무 생산성을 하락시킬 수 있습니다. 따라서 저는 관리자들이 더 나은 업무 환경을 만들기 위해 이들(직원들)과 가까워져야 한다고 생각합니다.

1 번째 문장 영작해 보기

전 관리자들이 직원들에게 가까워지도록
노력해야 한다고 생각합니다.

 저는 ~라고 생각합니다. = **I think** 　문장　.
A는 ~해야 합니다. = **A should** 　동사　.
관리자 = **manager**, ~하도록 노력하다 = **try to** 　동사　
~에게 가까워지다 = **get close to** 　명사　, 직원 = **employee**

_____

_____

➡ I think managers should try to get close to their
employees.

2 번째 문장 영작해 보기

관리자들이 가까워지기에 너무 엄격하고 까다로울 경우,
직원들은 일을 제대로 할 수 없습니다.

 ~일 경우 A는 ~할 수 없습니다. = **A can't** 　동사　 **if** 　문장　.
A가 ~하기에 너무 ~하다. = **A is(are) too** 　형용사　 **to** 　동사　.
일을 잘(제대로) 하다 = **work well**, 엄격한 = **strict**, 까다로운 = **difficult**
~에게 가까워지다 = **get close to** 　명사　

_____

_____

➡ Employees can't work well if their managers are too
strict and difficult to get close to.

3번째 문장 영작해 보기

이것은 대화 부족으로 이어질 수 있고,
이는 업무 생산성을 하락시킬 수 있습니다.

힌트 이것은 ~로 이어질 수 있고, 이는 ~할 수 있습니다.
= **It could lead to** 　명사　, **which could** 　동사　.
~의 부족 = **a lack of** 　명사　, 대화 = **communication**
낮추다(하락시키다) = **lower**, 업무 생산성 = **work productivity**

➡ It could lead to a lack of communication, which could
lower work productivity.

4번째 문장 영작해 보기

따라서 저는 관리자들이 더 나은 업무 환경을 만들기 위해
이들(직원들)과 가까워져야 한다고 생각합니다.

힌트 저는 ~라고 생각합니다. = **I think** 　문장　.
A는 ~하기 위해 ~해야 합니다. = **A should** 　동사　 **to** 　동사　.
관리자 = **manager**, ~에게 가까워지다 = **get close to** 　명사　
만들다 = **make**, (더 나은) 업무 환경 = **(better) working environment**

➡ So I think managers should get close to them to
make a better working environment.

자, 이제 1분 동안 '영어'로 답해 볼까요? 🎧 **MP3 058**

① 휴대폰으로 상단의 QR코드를 스캔한 후 '1분 영어 말하기 훈련 영상'이 재생되면,
② 원어민이 직접 녹음한 문장들을 한 문장씩 듣고 따라 말하는 연습을 하고,
③ 한 문장씩 말하는 연습을 끝낸 후엔, 1분짜리 영어 답변을 스스로 말해 봅니다.

1 I think managers should try to get close to their employees. 2 Employees can't work well if their managers are too strict and difficult to get close to. 3 It could lead to a lack of communication, which could lower work productivity. 4 So I think managers should get close to them to make a better working environment.

오늘의 영어회화 필수표현 총정리

029 **A is(are) too** 　형용사　 **to** 　동사　 . = A는 ~하기에 너무 ~합니다.

030 **lead to a lack of** 　명사　 = ~의 부족으로 이어지다

031 **get close to** 　명사　 = ~에 가까워지다

032 **make a (better) working environment** = (더 나은) 업무 환경을 만들다

윗사람이 어려운 일을
시킨다면?

What would you do if your boss asked you to do something unacceptable?

당신의 상사가 당신에게 용납할 수 없는 것을 해달라고
부탁한다면, 당신은 어떻게 할 건가요?

이런 내용으로 답해 보면 어떨까요?

제가 만약 용납할 수 없는 것을 해달라는 부탁을 받게 된다면, 전 제 상사를 설득할 방법을 찾을 것입니다. 우선, 저는 그의 지시를 따르는 것이 왜 힘든지 그 이유들을 정중하게 설명할 것입니다. 그 다음, 저는 우리 둘 모두에게 맞는 좀더 나은 방법을 찾기 위해 회의를 하자고 부탁할 것입니다. 아니면, 저는 편안한 분위기에서 이에 대해 이야기할 수 있도록 그에게 같이 저녁을 먹자고 청할 수도 있을 겁니다.

1 번째 문장 영작해 보기

제가 만약 용납할 수 없는 것을 해달라는 부탁을 받게 된다면,
전 제 상사를 설득할 방법을 찾을 것입니다.

힌트 제가 만약 ~하게 된다면, 저는 ~할 것입니다.
= **If I** 과거형 동사 , **I would** 동사 .
~할 것을 부탁 받다 = **be asked to** 동사 ('be'의 과거형은 'was/were')
~할 방법을 찾다 = **find a way to** 동사 , 설득하다 = **persuade**

➡ If I were asked to do something unacceptable, I would find a way to persuade my boss.

2 번째 문장 영작해 보기

우선, 저는 그의 지시를 따르는 것이 왜 힘든지
그 이유들을 정중하게 설명할 것입니다.

힌트 저는 (아마도) ~할 것입니다. = **I would** 동사 .
설명하다 = **explain**, 왜 ~인지 그 이유들 = **the reasons why** 문장
~하는 것이 ~하다. = **It is** 형용사 **to** 동사 ., 힘든(어려운) = **hard**
따르다 = **follow**, 그의 지시 = **his order**, 정중하게 = **in a polite way**

➡ First, I would explain the reasons why it is hard to follow his orders in a polite way.

3 번째 문장 영작해 보기

그 다음, 저는 우리 둘 모두에게 맞는 좀더 나은 방법을
찾기 위해 회의를 하자고 부탁할 것입니다.

힌트 저는 (아마도) ~하기 위해 ~할 것입니다. = **I would** 동사 **to** 동사 .
A에게 ~하자고 부탁하다 = **ask A to** 동사 , 회의를 하다 = **have a meeting**
~한 (좀더 나은) 방법을 찾다 = **find a (better) way that** 동사-(e)s
~에게 맞다 = **suit** 명사 , 우리 둘 모두 = **both of us**

➡ Then I would ask him to have a meeting to find a
better way that suits both of us.

4 번째 문장 영작해 보기

아니면, 저는 편안한 분위기에서 이에 대해 이야기할 수 있도록
그에게 같이 저녁을 먹자고 청할 수도 있을 겁니다.

힌트 저는 ~하도록 ~할 수도 있을 겁니다. = **I could** 동사 **to** 동사 .
A에게 ~하자고 부탁하다(청하다) = **ask A to** 동사
저녁을 먹다 = **have dinner**, ~에 대해 이야기하다 = **talk about** 명사
~한 분위기에서 = **in a(an)** 형용사 **atmosphere**, 편안한 = **comfortable**

➡ Or I could ask him to have dinner together to talk
about it in a comfortable atmosphere.

자, 이제 1분 동안 '영어'로 답해 볼까요? 🎧 MP3 059

① 휴대폰으로 상단의 QR코드를 스캔한 후 '1분 영어 말하기 훈련 영상'이 재생되면,
② 원어민이 직접 녹음한 문장들을 한 문장씩 듣고 따라 말하는 연습을 하고,
③ 한 문장씩 말하는 연습을 끝낸 후엔, 1분짜리 영어 답변을 스스로 말해 봅니다.

1 If I were asked to do something unacceptable, I would find a way to persuade my boss. **2** First, I would explain the reasons why it is hard to follow his orders in a polite way. **3** Then I would ask him to have a meeting to find a better way that suits both of us. **4** Or I could ask him to have dinner together to talk about it in a comfortable atmosphere.

오늘의 영어회화 필수표현 총정리

033 **be asked to** 동사 = ~할 것을 부탁 받다

034 **find a (better) way to** 동사 = ~할 (더 나은) 방법을 찾다

035 **explain the reason why** 문장 = 왜 ~인지 그 이유를 설명하다

036 **in a comfortable atmosphere** = 편안한 분위기에서

Chapter 2

문화
에대해
영어로말하기

Lesson
060

Q

In your opinion, what is a positive effect of the Korean Wave?

한 류

당신 생각에, 한류의 긍정적인 효과는
무엇인가요?

저는 한류가 한국 문화를 전 세계에 알릴 수 있도록 해주었다고 생각합니다. 요즘,
많은 외국인들이 한국 드라마와 TV쇼의 열렬한 팬입니다. 이들은 한국 배우들뿐만
아니라 드라마에서 보게 되는 장소와 음식까지도 좋아합니다. 따라서 이것(한류)
은 이들이 한국으로 여행을 가고 싶어 하도록, 그리고 심지어 한국어를 배우고 싶어
하도록 만들었습니다.

1

저는 한류가 한국 문화를
전 세계에 알릴 수 있도록 해주었다고 생각합니다.

힌트 저는 ~라고 생각합니다. = **I think** ___문장___ .
A가 ~하도록 해주었습니다. = **A have(has) helped** ___동사___ .
한류 = **the Korean Wave**, A를 B에 소개하다 = **introduce A to B**
한국 문화 = **Korean culture**, 전 세계 = **the whole world**

➡ I think the Korean Wave has helped introduce Korean culture to the whole world.

2

요즘, 많은 외국인들이
한국 드라마와 TV쇼의 열렬한 팬입니다.

힌트 요즘, 오늘날 = **these days**
A는 ~의 열렬한 팬입니다. = **A is a big fan of** ___명사___ .
(위 문장에서 'A'가 복수일 경우, 'A are big fans of 명사'라고 하면 됩니다.)
외국인 = **foreigner**, 한국 드라마 = **Korean drama**, TV 쇼 = **TV show**

➡ These days, many foreigners are big fans of Korean dramas and TV shows.

3

번째 문장 영작해 보기

이들은 한국 배우들뿐만 아니라
드라마에서 보게 되는 장소와 음식까지도 좋아합니다.

 이들은 ~을 좋아합니다. = **They like** __명사__ .
A뿐만 아니라 B까지도 = **A as well as B**
한국의 = **Korean**, 배우 = **actor**, 장소 = **place**, 음식 = **food**
이들이 드라마에서 보게 되는 A = **A they see in dramas**

_____

_____

➡ They like Korean actors, as well as the places and
food they see in dramas.

4

번째 문장 영작해 보기

따라서 이것(한류)은 이들이 한국으로 여행을 가고 싶어 하도록,
그리고 심지어 한국어를 배우고 싶어 하도록 만들었습니다.

 이것은 이들이 ~하도록 만들었습니다. = **It has made them** __동사__ .
~하고 싶어 하다 = **want to** __동사__
~로 여행을 가다 = **travel to** __명사__ , 한국 = **Korea**
심지어 = **even**, 배우다 = **learn**, 한국어 = **Korean language**

_____

_____

➡ So it has made them want to travel to Korea and
even learn the Korean language.

자, 이제 1분 동안 '영어'로 답해 볼까요?　🎧 **MP3 060**

① 휴대폰으로 상단의 QR코드를 스캔한 후 '1분 영어 말하기 훈련 영상'이 재생되면,
② 원어민이 직접 녹음한 문장들을 한 문장씩 듣고 따라 말하는 연습을 하고,
③ 한 문장씩 말하는 연습을 끝낸 후엔, 1분짜리 영어 답변을 <u>스스로</u> 말해 봅니다.

1 I think the Korean Wave has helped introduce Korean culture to the whole world. **2** These days, many foreigners are big fans of Korean dramas and TV shows. **3** They like Korean actors, as well as the places and food they see in dramas. **4** So it has made them want to travel to Korea and even learn the Korean language.

오늘의 영어회화 필수표현 총정리

037　**introduce** 　명사　 **to the whole world** = 전 세계에 ～을 소개하다
038　**A is a big fan of** 　명사　. = A는 ～의 열렬한 팬입니다.
039　**make A want to** 　동사　 = A가 ～하고 싶어 하게 만들다
040　**A as well as B** = A뿐만 아니라 B까지도

케이팝 음악

Q

**What do you think of K-pop music?
Tell me about your opinion.**

당신은 케이팝 음악에 대해 어떻게 생각하나요?
제게 당신의 의견을 말해보세요.

이런 내용으로 답해 보면 어떨까요?

저는 케이팝 음악이 자랑스럽습니다, 왜냐하면 전 세계적으로 많은 이들에게 사랑 받고 있기 때문입니다. 몇 년 전, '강남 스타일'이라는 노래가 전 세계적으로 큰 인기를 얻었습니다. 수백만 명의 사람들이 이 노래를 사랑했고, 이는 전 세계에 한국을 소개할 수 있도록 해줬습니다. 따라서 저는 케이팝 음악에 대해 매우 긍정적인 견해를 갖고 있으며, 이를 듣는 것 또한 정말 좋아합니다.

1

저는 케이팝 음악이 자랑스럽습니다, 왜냐하면
전 세계적으로 많은 이들에게 사랑 받고 있기 때문입니다.

힌트　저는 ~이 자랑스럽습니다. = **I'm proud of** ＿명사＿.
케이팝 음악 = **K-pop music**
이것은 ~에게 사랑 받고 있습니다. = **It is being loved by** ＿명사＿.
많은 이들 = **many people**, 전 세계적으로 = **all around the world**

➡ I'm proud of K-pop music, because it is being loved
by many people all around the world.

2

몇 년 전, '강남 스타일'이라는 노래가
전 세계적으로 큰 인기를 얻었습니다.

힌트　몇 년 전 = **a few years ago**
(위 표현에서 'a few'는 '어느 정도, 조금'이라는 뜻을 갖고 있습니다.)
A는 큰 인기를 얻었습니다. = **A gained huge popularity**.
~라는 노래 = **the song** '＿＿＿', 전 세계적으로 = **all over the world**

➡ A few years ago, the song 'Gangnam Style' gained
huge popularity all over the world.

3 번째 문장 영작해 보기

수백만 명의 사람들이 이 노래를 사랑했고,
이는 전 세계에 한국을 소개할 수 있도록 해줬습니다.

힌트 A는 ~을 사랑했습니다. = **A loved** 명사 .
수백만 명의 사람들 = **millions of people**. 노래 = **song**
이는 ~하도록 해줬습니다. = **It helped** 동사 .
A를 B에 소개하다 = **introduce A to B**. 전 세계 = **the whole world**

_____

_____

➡ Millions of people loved this song, and it helped
introduce Korea to the whole world.

4 번째 문장 영작해 보기

따라서 저는 케이팝 음악에 대해 매우 긍정적인 견해를
갖고 있으며, 이를 듣는 것 또한 정말 좋아합니다.

힌트 저는 ~한 견해를 갖고 있습니다. = **I have a(an)** 형용사 **view**.
긍정적인 = **positive**, ~에 대해 = **about** 명사
저는 ~하는 것을 정말 좋아합니다. = **I love to** 동사 .
~을 듣다 = **listen to** 명사

_____

_____

➡ So I have a very positive view about K-pop music,
and I also love to listen to it.

자, 이제 1분 동안 '영어'로 답해 볼까요? 🎧 **MP3 061**

① 휴대폰으로 상단의 QR코드를 스캔한 후 '1분 영어 말하기 훈련 영상'이 재생되면,

② 원어민이 직접 녹음한 문장들을 한 문장씩 듣고 따라 말하는 연습을 하고,

③ 한 문장씩 말하는 연습을 끝낸 후엔, 1분짜리 영어 답변을 스스로 말해 봅니다.

1 I'm proud of K-pop music, because it is being loved by many people all around the world. **2** A few years ago, the song 'Gangnam Style' gained huge popularity all over the world. **3** Millions of people loved this song, and it helped introduce Korea to the whole world. **4** So I have a very positive view about K-pop music, and I also love to listen to it.

오늘의 영어회화 필수표현 총정리

041 **I'm proud of** 명사 . = 저는 ~가 자랑스럽습니다.

042 **A is(are) being loved by B**. = A는 B에게 사랑 받고 있습니다.

043 **gain huge popularity** = 큰 인기를 얻다

044 **have a positive(negative) view** = 긍정적(부정적) 견해를 갖고 있다

Lesson 062

한국의 대중교통 문화

Q

Do you agree that Korea has a convenient public transportation system?

당신은 한국이 편리한 대중교통 시스템을 갖고 있다는 것에 동의하나요?

이런 내용으로 답해 보면 어떨까요?

네, 저는 한국이 편리한 대중교통 시스템을 갖고 있다는 것에 동의합니다. 이것(한국 대중교통 시스템)은 매우 잘 구성되어 있어서 사람들은 자신들이 가고자 하는 곳 어디든 매우 손쉽게 갈 수 있습니다. 또한, 교통 요금이 다른 나라들에 비해 훨씬 더 저렴합니다. 그리고 우리는 다른 대중 교통편으로 환승할 때 요금을 지불하지 않아도 됩니다.

1 번째 문장 영작해 보기

네, 저는 한국이 편리한 대중교통 시스템을
갖고 있다는 것에 동의합니다.

저는 ～라는 것에 동의합니다. = **I agree that** 문장 .
한국은 ～을 갖고 있습니다. = **Korea has** 명사 .
편리한 = **convenient**
대중교통 시스템 = **public transportation system**

➡ Yes, I agree that Korea has a convenient public transportation system.

2 번째 문장 영작해 보기

이것(한국 대중교통 시스템)은 매우 잘 구성되어 있어서 사람들은
자신들이 가고자 하는 곳 어디든 매우 손쉽게 갈 수 있습니다.

이것은 매우 ～합니다. = **It is very** 형용사 ., 잘 구성된 = **well organized**
사람들은 ～할 수 있습니다. = **People can** 동사 .
이들이 ～하고자 하는 곳 어디든 = **wherever they want to** 동사
가다 = **go**, 매우 손쉽게 = **very easily**

➡ It is very well organized, so people can get wherever they want to go very easily.

3 번째 문장 영작해 보기

또한, 교통 요금이
다른 나라들에 비해 훨씬 더 저렴합니다.

힌트 A는 B보다 훨씬 ～합니다. = **A is(are) much ___형용사___ than B**.
교통 요금 = **transportation fee**
더 저렴한, 더 값이 싼 = **cheaper**
다른 나라들 = **other countries**

➡ Also, the transportation fee is much cheaper than other countries.

4 번째 문장 영작해 보기

그리고 우리는 다른 대중 교통편으로 환승할 때
요금을 지불하지 않아도 됩니다.

힌트 우리는 ～하지 않아도 됩니다. = **We don't have to ___동사___**.
지불하다 = **pay**, 요금 = **fee**, 우리가 ～할 때 = **when we ___동사___**,
～로 환승하다 = **transfer to ___명사___**
다른 = **other**, 대중 교통편 = **public vehicle**

➡ And we don't have to pay the fee when we transfer to other public vehicle.

자, 이제 1분 동안 '영어'로 답해 볼까요?

 MP3 062

① 휴대폰으로 상단의 QR코드를 스캔한 후 '1분 영어 말하기 훈련 영상'이 재생되면,
② 원어민이 직접 녹음한 문장들을 한 문장씩 듣고 따라 말하는 연습을 하고,
③ 한 문장씩 말하는 연습을 끝낸 후엔, 1분짜리 영어 답변을 스스로 말해 봅니다.

1 Yes, I agree that Korea has a convenient public transportation system. 2 It is very well organized, so people can get wherever they want to go very easily. 3 Also, the transportation fee is much cheaper than other countries. 4 And we don't have to pay the fee when we transfer to other public vehicle.

오늘의 영어회화 필수표현 총정리

045 **I agree that 문장 .** = 저는 ~라는 것에 동의합니다.

046 **(convenient) public transportation system** = (편리한) 대중교통 시스템

047 **A is(are) well organized.** = A는 잘 구성되어 있습니다.

048 **pay the fee / transfer to 명사** = 요금을 지불하다 / ~로 환승하다

Lesson 063

한국의 음주 문화

Q

Do you think Korean drinking culture needs to change? Why?

당신은 한국의 음주 문화가 바뀌어야 한다고 생각하나요? 왜인가요?

이런 내용으로 답해 보면 어떨까요?

네, 저는 한국의 음주 문화가 바뀌어야 한다고 생각합니다. 우리는 종종 친구들이나 직장 동료들에게 술 마실 것을 강요하는 한국인들을 많이 보게 됩니다. 이들은 술이 사람들이 서로 가까워지도록 도와준다고 생각하며, 그리하여 다른 이들에게 술 마실 것을 강요합니다. 하지만 저는 이것이 완전히 잘못된 생각이며, 우리가 이러한 나쁜 음주 문화를 버려야 한다고 봅니다.

1 번째 문장 영작해 보기

네, 저는 한국의 음주 문화가
바뀌어야 한다고 생각합니다.

 저는 ~라고 생각합니다. = **I think** ___문장___ .
A는 ~해야 합니다. = **A need(s) to** ___동사___ .
한국의 = **Korean**, 음주 문화 = **drinking culture**
바뀌다, 변화하다, 바꾸다 = **change**

➡ Yes, I think Korean drinking culture needs to change.

2 번째 문장 영작해 보기

우리는 종종 친구들이나 직장 동료들에게
술 마실 것을 강요하는 한국인들을 많이 보게 됩니다.

 우리는 종종 ~을 많이 보게 됩니다. = **We often see many** ___복수 명사___ .
~하는 한국인들 = **Koreans who** ___동사___
A에게 ~할 것을 강요하다 = **force A to** ___동사___
친구 = **friend**, 직장 동료 = **colleague**
술을 마시다, 음주하다 = **drink**

➡ We often see many Koreans who force their friends
or colleagues to drink.

3 번째 문장 영작해 보기

이들은 술이 사람들이 서로 가까워지도록 도와준다고 생각하며,
그리하여 다른 이들에게 술 마실 것을 강요합니다.

힌트 이들은 ~라고 생각합니다. = **They think** 문장 .
술이 A가 ~하도록 도와줍니다. = **Alcohol helps A** 동사 .
~에게 가까워지다 = **get close to** 명사 , 서로 = **each other**
A에게 ~할 것을 강요하다 = **force A to** 동사 , 다른 이들 = **others**

_____

_____

➡ They think alcohol helps people get close to each
other, so they force others to drink.

4 번째 문장 영작해 보기

하지만 저는 이것이 완전히 잘못된 생각이며,
우리가 이러한 나쁜 음주 문화를 버려야 한다고 봅니다.

힌트 저는 ~라고 봅니다(생각합니다). = **I think** 문장 .
이것은 완전히 ~한 생각입니다. = **It is totally a(an)** 형용사 **idea**.
잘못된 = **wrong**, 우리는 ~해야 합니다. = **We must** 동사 .
버리다 = **abandon**, 나쁜 = **bad**, 음주 문화 = **drinking culture**

_____

_____

➡ But I think it is totally a wrong idea and we must
abandon this bad drinking culture.

자, 이제 1분 동안 '영어'로 답해 볼까요? 🎧 **MP3 063**

① 휴대폰으로 상단의 QR코드를 스캔한 후 '1분 영어 말하기 훈련 영상'이 재생되면,

② 원어민이 직접 녹음한 문장들을 한 문장씩 듣고 따라 말하는 연습을 하고,

③ 한 문장씩 말하는 연습을 끝낸 후엔, 1분짜리 영어 답변을 스스로 말해 봅니다.

1 Yes, I think Korean drinking culture needs to change. **2** We often see many Koreans who force their friends or colleagues to drink. **3** They think alcohol helps people get close to each other, so they force others to drink. **4** But I think it is totally a wrong idea and we must abandon this bad drinking culture.

오늘의 영어회화 필수표현 총정리

049 **A need(s) to change.** = A는 바뀌어야 합니다.

050 **We often see many** 복수 명사 . = 우리는 종종 ~을 많이 보게 됩니다.

051 **force A to drink** = A에게 술 마실 것을 강요하다

052 **abandon bad ＿＿＿ culture** = 나쁜 ~라는 문화를 버리다

Lesson

064

Q

한국 & 서양의 음식 문화

What are the differences between Korean food and Western food?

한국 음식과 서양 음식의
차이점은 뭔가요?

저는 가장 큰 차이점이 바로 음식이 조리되는 방식이라고 생각합니다. 한국에서, 사람들은 주로 음식을 끓이거나 삶고, 기름은 거의 사용하지 않습니다. 하지만 서양에서는, 사람들이 주로 음식을 굽거나 튀기고, 많은 양의 기름과 버터를 사용합니다. 그래서 한국 음식은 주로 서양 음식보다 훨씬 더 건강하다고 생각됩니다.

1

번째 문장 영작해 보기

저는 가장 큰 차이점이 바로
음식이 조리되는 방식이라고 생각합니다.

 저는 ~라고 생각합니다. = **I think** 문장 .
가장 큰 차이점은 바로 ~입니다. = **The biggest difference is** 명사 .
A가 ~하는 방식 = **the way A** 동사
음식 = **food**. 조리되다 = **be cooked**

➡ I think the biggest difference is the way the food is cooked.

2

번째 문장 영작해 보기

한국에서, 사람들은 주로 음식을 끓이거나 삶고,
기름은 거의 사용하지 않습니다.

 한국에서 = **in Korea**
사람들은 주로 ~합니다. = **People usually** 동사 .
사람들은 거의 ~하지 않습니다. = **People rarely** 동사 .
음식 = **food**. 끓이다 = **boil**. 삶다 = **steam**. 기름을 사용하다 = **use oil**

➡ In Korea, people usually boil or steam the food, and rarely use oil.

3 번째 문장 영작해 보기

하지만 서양에서는, 사람들이 주로 음식을 굽거나 튀기고,
많은 양의 기름과 버터를 사용합니다.

힌트   서양에서 = **in western countries**
사람들은 주로 ~합니다. = **People usually** ___동사___ .
사람들은 거의 ~하지 않습니다. = **People rarely** ___동사___ .
음식 = **food**, 굽다 = **grill**, 튀기다 = **fry**, 많은 양의 ~ = **lots of** ___명사___

➡ But in western countries, people usually grill or fry
the food, and use lots of oil and butter.

4 번째 문장 영작해 보기

그래서 한국 음식은 주로 서양 음식보다
훨씬 더 건강하다고 생각됩니다.

힌트   A는 ~하다고 생각됩니다. = **A is(are) thought to be** ___형용사___ .
한국 음식 = **Korean food**
훨씬 = **much**, 더 건강한 = **healthier**
~보다 = **than** ___명사___ , 서양 음식 = **western food**

➡ So, Korean food is usually thought to be much healthier
than western food.

자, 이제 1분 동안 '영어'로 답해 볼까요? 🎧 **MP3 064**

① 휴대폰으로 상단의 QR코드를 스캔한 후 '1분 영어 말하기 훈련 영상'이 재생되면,
② 원어민이 직접 녹음한 문장들을 한 문장씩 듣고 따라 말하는 연습을 하고,
③ 한 문장씩 말하는 연습을 끝낸 후엔, 1분짜리 영어 답변을 스스로 말해 봅니다.

1 I think the biggest difference is the way the food is cooked. **2** In Korea, people usually boil or steam the food, and rarely use oil. **3** But in western countries, people usually grill or fry the food, and use lots of oil and butter. **4** So, Korean food is usually thought to be much healthier than western food.

오늘의 영어회화 필수표현 총정리

053 **The biggest difference is** 명사 . = 가장 큰 차이점은 ~입니다.
054 **boil / steam / grill / fry** = 끓이다 / 삶다 / 굽다 / 튀기다
055 **People rarely** 동사 . = 사람들은 거의 ~하지 않습니다.
056 **A is(are) thought to be** 형용사 . = A는 ~하다고 생각됩니다.

Q

한국의 유명 관광지
소개하기

Please introduce one of the famous tourist attractions in your country.

당신의 나라에 있는 유명 관광지 중
한 곳을 소개해 주세요.

이런 내용으로 답해 보면 어떨까요?

저는 한국에서 가장 큰 항구 도시인 '부산'을 여러분께 소개해 드리고자 합니다. 우선, 부산에는 가장 큰 수산 시장이 있으며, 이곳은 '자갈치 시장'이라 불립니다. 그곳에서 여러분은 심지어 상어 고기까지 포함한 수많은 해산물을 둘러보고 즐기실 수 있습니다. 또한, 만약 여러분께서 수영하러 가고 싶으시다면, 여러분께 '해운대 해수욕장'에 가실 것을 추천해 드립니다.

1

번째 문장 영작해 보기

저는 한국에서 가장 큰 항구 도시인
'부산'을 여러분께 소개해 드리고자 합니다.

힌트
저는 ~하고자 합니다. = **I'd like to** 동사 .
당신에게 ~을 소개하다(당신이 ~을 접하게 하다) = **introduce you to** 명사
한국에서 ~인 '부산' = '**Busan**', **which is** 명사 **in Korea**
가장 큰 ~ = **the biggest** 명사 , 항구 도시 = **port city**

➡ I'd like to introduce you to 'Busan', which is the
biggest port city in Korea.

2

번째 문장 영작해 보기

우선, 부산에는 가장 큰 수산 시장이 있으며,
이곳은 '자갈치 시장'이라 불립니다.

힌트
우선 = **first**
A에는 ~이 있습니다. = **There is(are)** 명사 **in A**.
가장 큰 ~ = **the biggest** 명사 , 수산 시장 = **fish market**
이곳은 ~로 불립니다. = **It is called** 명사 . OOO 시장 = **OOO market**

➡ First, there is the biggest fish market in Busan, and it
is called 'Jagalchi Market'.

3 번째 문장 영작해 보기

그곳에서 여러분은 심지어 상어 고기까지 포함한
수많은 해산물을 둘러보고 즐기실 수 있습니다.

힌트 그곳에서 여러분은 ~할 수 있습니다. = **You can 　동사　 there.**
~을 둘러보고 즐기다 = **look around and enjoy 　명사**
수많은 ~ = **a lot of 　명사　** , 해산물 = **seafood**
심지어 ~까지 포함한 = **even including 　명사　** , 상어 고기 = **shark meat**

➡ You can look around and enjoy a lot of seafood there, even including shark meat.

4 번째 문장 영작해 보기

또한, 만약 여러분께서 수영하러 가고 싶으시다면,
여러분께 '해운대 해수욕장'에 가실 것을 추천해 드립니다.

힌트 여러분께서 ~하고 싶으시다면 = **if you want to 　동사**
수영하러 가다 = **go swimming**
여러분께 ~하실 것을 추천해 드립니다. = **I recommend you 　동사　** .
~로 가다 = **go to 　명사　** , OOO 해수욕장 = **OOO beach**

➡ Also, if you want to go swimming, I recommend you go to 'Haeundae Beach'.

자, 이제 1분 동안 '영어'로 답해 볼까요? MP3 065

① 휴대폰으로 상단의 QR코드를 스캔한 후 '1분 영어 말하기 훈련 영상'이 재생되면,
② 원어민이 직접 녹음한 문장들을 한 문장씩 듣고 따라 말하는 연습을 하고,
③ 한 문장씩 말하는 연습을 끝낸 후엔, 1분짜리 영어 답변을 스스로 말해 봅니다.

1 I'd like to introduce you to 'Busan', which is the biggest port city in Korea. 2 First, there is the biggest fish market in Busan, and it is called 'Jagalchi Market'. 3 You can look around and enjoy a lot of seafood there, even including shark meat. 4 Also, if you want to go swimming, I recommend you go to 'Haeundae Beach'.

오늘의 영어회화 필수표현 총정리

057 **I'd like to introduce you to** 명사 . = 여러분께 ～을 소개했으면 합니다.
058 **There is(are)** 명사 **in A**. = A에는 ～가 있습니다.
059 **look around and enjoy** 명사 = ～을 둘러보고 즐기다
060 **I recommend you** 동사 . = 여러분께 ～하실 것을 추천해 드립니다.

Chapter 3

사회
에대해
영어로말하기

스몰 웨딩

Q

Why do you think small weddings are getting more popular in Korea?

당신은 왜 한국에서 스몰 웨딩이 점점 더 인기를 얻고 있다고 생각하나요?

이런 내용으로 답해 보면 어떨까요?

저는 그 이유가 바로 많은 사람들이 큰 결혼식에 돈을 쓰고 싶어 하지 않기 때문에 그렇다고 생각합니다. 이들은 큰 결혼식은 단지 돈 낭비일 뿐이며, 빚더미만 남길 뿐이라고 생각합니다. 대신에, 이들은 집이나 가구와 같이 좀더 실질적인 것들에 돈을 쓰고자 합니다. 따라서 이러한 이유로, 많은 사람들이 큰 결혼식보다는 스몰 웨딩을 선호합니다.

1 번째 문장 영작해 보기

저는 그 이유가 바로 많은 사람들이 큰 결혼식에
돈을 쓰고 싶어 하지 않기 때문에 그렇다고 생각합니다.

 힌트 저는 그 이유가 바로 ~이기 때문에 그렇다고 생각합니다.
= **I think it is because** 문장 .
사람들은 ~하고 싶어 하지 않습니다. = **People don't want to** 동사 .
~에 이들의 돈을 쓰다 = **spend their money on** 명사

➡ I think it is because many people don't want to
spend their money on big weddings.

2 번째 문장 영작해 보기

이들은 큰 결혼식은 단지 돈 낭비일 뿐이며,
빚더미만 남길 뿐이라고 생각합니다.

 힌트 이들은 ~라고 생각합니다. = **They think** 문장 .
큰 결혼식은 단지 ~일 뿐입니다. = **Big weddings are just** 명사 .
돈 낭비 = **a waste of money** ('시간 낭비'는 'a waste of time')
남기다 = **leave**, 빚더미 = **a pile of debts**

➡ They think big weddings are just a waste of money,
and leave a pile of debts.

3 번째 문장 영작해 보기

대신에, 이들은 집이나 가구와 같이
좀더 실질적인 것들에 돈을 쓰고자 합니다.

힌트 대신에 = **instead**, 이들은 ~하고자 합니다. = **They want to** 동사.
~에(을 위해) 이들의 돈을 쓰다 = **use their money for** 명사
좀더 실질적인 것들 = **more practical things**
~와 같은 = **like** 명사, 집(주택) = **housing**, 가구 = **furniture**

➡ Instead, they want to use their money for more
practical things like housing or furniture.

4 번째 문장 영작해 보기

따라서 이러한 이유로, 많은 사람들이
큰 결혼식보다는 스몰 웨딩을 선호합니다.

힌트 ~로 인해, ~ 때문에 = **because of** 명사
이러한 이유들 = **these reasons**
사람들은 A보다 B를 선호합니다. = **People prefer B to A.**
스몰 웨딩(작은 결혼식) = **small wedding**, 큰 결혼식 = **big wedding**

➡ So, because of these reasons, many people prefer
small weddings to big weddings.

자, 이제 1분 동안 '영어'로 답해 볼까요? 🎧 **MP3 066**

① 휴대폰으로 상단의 QR코드를 스캔한 후 '1분 영어 말하기 훈련 영상'이 재생되면,
② 원어민이 직접 녹음한 문장들을 한 문장씩 듣고 따라 말하는 연습을 하고,
③ 한 문장씩 말하는 연습을 끝낸 후엔, 1분짜리 영어 답변을 스스로 말해 봅니다.

1 I think it is because many people don't want to spend their money on big weddings. **2** They think big weddings are just a waste of money, and leave a pile of debts. **3** Instead, they want to use their money for more practical things like housing or furniture. **4** So, because of these reasons, many people prefer small weddings to big weddings.

오늘의 영어회화 필수표현 총정리

061 **spend one's money on** 명사 = ~에 ~의 돈을 쓰다
062 **a waste of money / a waste of time** = 돈 낭비 / 시간 낭비
063 **use one's money for practical things** = 실질적인 것에 ~의 돈을 쓰다
064 **prefer A to B** = B보다 A를 선호하다

Chapter 3 95

Lesson 067 Q

출산율 감소 원인, '양육비'

The birthrate has been steadily decreasing. What do you think the reason is?

출산율이 지속적으로 감소해오고 있습니다.
당신은 무엇이 원인이라고 생각하나요?

이런 내용으로 답해 보면 어떨까요?

저는 한국에서 아이들을 키우는 데에 너무나 많은 어려움이 있다는 것이 그 원인이라고 봅니다. 우선, 요즘 한국에서의 양육 비용이 대부분의 사람들이 감당하기엔 너무나 높습니다. 그리고 한국의 양육 시스템은 부모들을 지원할 만큼 충분히 제대로 돌아가지 않고 있습니다. 따라서 많은 사람들이 자신들은 아이를 키울 형편이 안 된다고 생각하여 아이를 갖지 않기로 결심합니다.

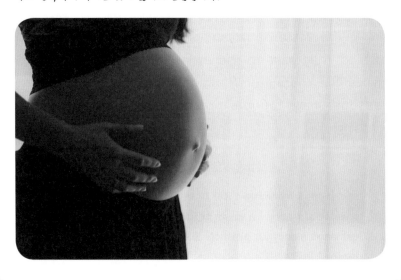

1 번째 문장 영작해 보기

저는 한국에서 아이들을 키우는 데에
너무나 많은 어려움이 있다는 것이 그 원인이라고 봅니다.

힌트 저는 ~라는 것이 그 원인이라고 봅니다. = **I think the reason is that** ___문장___ .
너무나 많은 ~이 있습니다. = **There are so many** ___복수 명사___ .
~하는 데에 어려움 = **difficulties in** ___동사-ing___
아이를 키우다(양육하다) = **raise children**, 한국에서 = **in Korea**

➡ I think the reason is that there are so many difficulties
in raising children in Korea.

2 번째 문장 영작해 보기

우선, 요즈음 한국에서의 양육 비용이
대부분의 사람들이 감당하기엔 너무나 높습니다.

힌트 요즈음 = **these days**, 양육 비용 = **childcare expenses**
A가 ~하기에 너무 ~한 = **too** ___형용사___ **for A to** ___동사___
높은 = **high**, 돈 등을 대다(감당하다) = **cover**
대부분의 사람들 = **most people**

➡ First, these days, childcare expenses in Korea are too
high for most people to cover.

3 번째 문장 영작해 보기

그리고 한국의 양육 시스템은 부모들을 지원할 만큼
충분히 제대로 돌아가지 않고 있습니다.

힌트 양육 시스템 = **childcare system**
A가 ～하지 않고 있습니다. = **A is(are) not** 동사-ing .
제대로 작동하다(돌아가다) = **work well**
～할 만큼 충분히 = **enough to** 동사 , 지원(지지)하다 = **support**

➡ And the childcare system in Korea is not working well enough to support parents.

4 번째 문장 영작해 보기

따라서 많은 사람들이 자신들은 아이를 키울 형편이
안 된다고 생각하여 아이를 갖지 않기로 결심합니다.

힌트 많은 사람들이 ～라고 생각합니다. = **Many people think** 문장 .
이들은 ～할 형편(능력)이 안 됩니다. = **They can't afford to** 동사 .
이들은 ～하지 않기로 결심합니다. = **They decide not to** 동사 .
아이(자녀)를 키우다 = **raise children**, 아이를 갖다 = **have kids**

➡ So many people think they can't afford to raise children and they decide not to have kids.

자, 이제 1분 동안 '영어'로 답해 볼까요? 🎧 **MP3 067**

① 휴대폰으로 상단의 QR코드를 스캔한 후 '1분 영어 말하기 훈련 영상'이 재생되면,
② 원어민이 직접 녹음한 문장들을 한 문장씩 듣고 따라 말하는 연습을 하고,
③ 한 문장씩 말하는 연습을 끝낸 후엔, 1분짜리 영어 답변을 스스로 말해 봅니다.

1 I think the reason is that there are so many difficulties in raising children in Korea. **2** First, these days, childcare expenses in Korea are too high for most people to cover. **3** And the childcare system in Korea is not working well enough to support parents. **4** So many people think they can't afford to raise children and they decide not to have kids.

오늘의 영어회화 필수표현 총정리

065 **difficulties in** ___동사-ing___ = ～하는 데에 어려움

066 **raise children / have kids** = 아이를 키우다 / 아이를 갖다

067 **childcare expenses / childcare system** = 양육 비용 / 양육 시스템

068 **A can't afford to** ___동사___. = A는 ～할 형편(능력)이 안 됩니다.

출산율 감소 원인, '나홀로족'

**The birthrate has been steadily decreasing.
What do you think the reason is?**

출산율이 지속적으로 감소해오고 있습니다.
당신은 무엇이 원인이라고 생각하나요?

이런 내용으로 답해 보면 어떨까요?

저는 혼자 살기를 원하는 사람들의 숫자가 증가해오고 있는 것이 그 원인이라고 봅니다. 요즈음, 임대료나 생활비와 같은 것들이 너무나 비싸지고 있습니다. 하지만 대부분의 사람들의 평균 수입은 안락하게 살만큼 충분히 많지가 않습니다. 따라서 이들은 자녀를 키울 능력이 안 된다고 생각하여 혼자 사는 것을 선호합니다.

1

번째 문장 영작해 보기

저는 혼자 살기를 원하는 사람들의 숫자가
증가해오고 있는 것이 그 원인이라고 봅니다.

힌트   저는 ~라는 것이 그 원인이라고 봅니다. = **I think the reason is that** _문장_ .
A가 증가해오고 있습니다. = **A have(has) been increasing**.
~하는 사람들의 숫자 = **the number of people who** _동사_
~하길 원하다 = **want to** _동사_ , 혼자 살다 = **live alone**

➡ I think the reason is that the number of people who want to live alone has been increasing.

2

번째 문장 영작해 보기

요즈음, 임대료나 생활비와 같은 것들이
너무나 비싸지고 있습니다.

힌트   요즈음 = **these days**
A가 너무나 ~해지고 있습니다. = **A is(are) getting so** _형용사_ .
비싼 = **expensive**, A나 B와 같은 것들 = **things such as A or B**
임대료 = **rent**, 생활비 = **living expenses**

➡ These days, things such as rent or living expenses are getting so expensive.

3

번째 문장 영작해 보기

하지만 대부분의 사람들의 평균 수입은
안락하게 살만큼 충분히 많지가 않습니다.

힌트 A는 ~할 만큼 충분히 ~하지 않습니다.
= **A is(are) not** 형용사 **enough to** 동사 .
~의 평균 수입 = **average income of** 명사
높은 = **high**, 안락하게 살다 = **live comfortably**

➡ But the average income of most people is not high
enough to live comfortably.

4

번째 문장 영작해 보기

따라서 이들은 자녀를 키울 능력이 안 된다고
생각하여 혼자 사는 것을 선호합니다.

힌트 이들은 ~라고 생각합니다. = **They think that** 문장 .
이들은 ~할 형편(능력)이 안 됩니다. = **They can't afford to** 동사 .
이들은 ~하는 것을 선호합니다. = **They prefer to** 동사 .
아이(자녀)를 키우다 = **raise children**, 혼자 살다 = **live alone**

➡ So they think that they can't afford to raise children
and they prefer to live alone.

자, 이제 1분 동안 '영어'로 답해 볼까요? 🎧 **MP3 068**

① 휴대폰으로 상단의 QR코드를 스캔한 후 '1분 영어 말하기 훈련 영상'이 재생되면,
② 원어민이 직접 녹음한 문장들을 한 문장씩 듣고 따라 말하는 연습을 하고,
③ 한 문장씩 말하는 연습을 끝낸 후엔, 1분짜리 영어 답변을 <u>스스로</u> 말해 봅니다.

1 I think the reason is that the number of people who want to live alone has been increasing. **2** These days, things such as rent or living expenses are getting so expensive. **3** But the average income of most people is not high enough to live comfortably. **4** So they think that they can't afford to raise children and they prefer to live alone.

오늘의 영어회화 필수표현 총정리

069 **A have(has) been increasing.** = A가 증가해오고 있습니다.

070 **A is(are) getting so expensive.** = A가 너무나 비싸지고 있습니다.

071 **rent / living expenses / average income** = 임대료 / 생활비 / 평균 수입

072 **live alone / live comfortably** = 혼자 살다 / 안락하게 살다

한국의 사교육

Do you think it is helpful for students to go to private institutes after school?

당신은 학생들이 방과 후 학원에 가는 것이
도움이 된다고 생각하나요?

이런 내용으로 답해 보면 어떨까요?

아니요, 저는 학생들이 방과 후 학원에 가는 것이 도움이 된다고 보지 않습니다. 우선, 이들이 그렇게 긴 시간 동안 공부해야 하게 되면 이들은 스트레스를 너무 많이 받게 될 겁니다. 또한, 이들을 거기 보내려면 비용이 많이 들기 때문에 이는 부모들에게 부담이 될 것입니다. 따라서 저는 학생들이 방과 후 학원에 가는 것이 좋은 생각이라고 보지 않습니다.

1 번째 문장 영작해 보기

아니요, 저는 학생들이 방과 후 학원에 가는 것이
도움이 된다고 보지 않습니다.

힌트 저는 ~라고 보지(생각하지) 않습니다. = **I don't think** <u>문장</u> .
A가 ~하는 것은 ~합니다. = **It is** <u>형용사</u> **for A to** <u>동사</u> .
학생 = **student**, 도움이 되는 = **helpful**, ~에 가다 = **go to** <u>명사</u>
(사설) 학원 = **private institute**, 방과 후 = **after school**

➡ No, I don't think it is helpful for students to go to private institutes after school.

2 번째 문장 영작해 보기

우선, 이들이 그렇게 긴 시간 동안 공부해야 하게 되면
이들은 스트레스를 너무 많이 받게 될 겁니다.

힌트 이들은 ~하게 될 겁니다. = **They will** <u>동사</u> .
스트레스를 받다 = **get stressed**, 너무 많이 = **too much**
이들이 ~해야 하게 되면 = **if they have to** <u>동사</u>
공부하다 = **study**, 긴 시간 동안 = **for a long time**, 그렇게 = **like that**

➡ First, they will get stressed too much if they have to study for a long time like that.

3

번째 문장 영작해 보기

또한, 이들을 거기 보내려면 비용이 많이 들기 때문에
이는 부모들에게 부담이 될 것입니다.

 힌트 이는 A에게 ~가 될 것입니다. = **It will be** ___명사___ **to A.**
짐, 부담 = **burden**, 부모 = **parents**, ~이기 때문에 = **since** ___문장___
~하는 데 비용이 많이 듭니다. = **It costs much money to** ___동사___.
~을 그곳(거기)에 보내다 = **send** ___명사___ **there**

➡ Also, it will be a burden to their parents since it costs much money to send them there.

4

번째 문장 영작해 보기

따라서 저는 학생들이 방과 후 학원에 가는 것이
좋은 생각이라고 보지 않습니다.

 힌트 저는 ~라고 보지(생각하지) 않습니다. = **I don't think** ___문장___.
~라는 것이 좋은 생각입니다. = **It is a good idea that** ___문장___.
학생 = **student**, ~에 가다 = **go to** ___명사___
(사설) 학원 = **private institute**, 방과 후 = **after school**

➡ So I don't think it is a good idea that students go to private institutes after school.

자, 이제 1분 동안 '영어'로 답해 볼까요? MP3 069

① 휴대폰으로 상단의 QR코드를 스캔한 후 '1분 영어 말하기 훈련 영상'이 재생되면,
② 원어민이 직접 녹음한 문장들을 한 문장씩 듣고 따라 말하는 연습을 하고,
③ 한 문장씩 말하는 연습을 끝낸 후엔, 1분 짜리 영어 답변을 스스로 말해 봅니다.

1 No, I don't think it is helpful for students to go to private institutes after school. **2** First, they will get stressed too much if they have to study for a long time like that. **3** Also, it will be a burden to their parents since it costs much money to send them there. **4** So I don't think it is a good idea that students go to private institutes after school.

오늘의 영어회화 필수표현 총정리

073 **go to a private institute** = 학원에 가다

074 **get stressed too much** = 스트레스를 너무 많이 받다

075 **a burden to** ___명사___ = ~에게 (지워지는) 부담

076 **It costs much money to** ___동사___ . = ~하는 데 비용이 많이 듭니다.

Lesson
070

Q

한국 교육의 문제점

Do you agree that the Korean education system is effective? Why or why not?

당신은 한국의 교육 시스템이 효과적이라는 것에 동의하나요?
(동의한다면) 왜, 또는 (반대한다면) 왜 그렇지 않나요?

이런 내용으로 답해 보면 어떨까요?

아니요, 저는 한국의 교육 시스템이 효과적이라는 것에 동의하지 않습니다. 한국 학생들은 주로 시험에서 좋은 점수를 얻기 위해 공부를 하도록 강요 받습니다. 이들은 자신들이 어떤 적성을 갖고 있는지 정확히 알지 못하며, 단지 좋은 성적을 얻기 위해 공부합니다. 이것은 구식 교육 시스템이며, 따라서 우리는 학생들을 가르치는 방식을 바꿔야 합니다.

1

번째 문장 영작해 보기

아니요, 저는 한국의 교육 시스템이 효과적이라는 것에
동의하지 않습니다.

 힌트 저는 ~라는 것에 동의하지 않습니다. = **I don't agree that** 문장 .
A는 ~합니다. = **A is(are)** 형용사 .
한국의 교육 시스템 = **Korean education system**
효과적인 = **effective**

➡ No, I don't agree that the Korean education system
is effective.

2

번째 문장 영작해 보기

한국 학생들은 주로 시험에서 좋은 점수를 얻기 위해
공부를 하도록 강요 받습니다.

 힌트 A는 ~하도록 강요 받습니다. = **A is(are) forced to** 동사 .
한국 학생들 = **Korean students**, 공부하다 = **study**
~하기 위해 = **to** 동사 , 좋은 점수를 얻다 = **get good scores**
시험에서 = **on the tests**

➡ Korean students are usually forced to study to get
good scores on the tests.

3

번째 문장 영작해 보기

이들은 자신들이 어떤 적성을 갖고 있는지 정확히 알지 못하며,
단지 좋은 성적을 얻기 위해 공부합니다.

힌트 이들은 ~을 (정확히) 알지 못합니다. = **They don't know (exactly)** ___명사___ .
이들이 어떤 ~을 가졌는지 = **what** ___명사___ **they have**. 적성 = **aptitude**
이들은 (단지) ~하기 위해 ~합니다. = **They (just)** ___동사___ **to** ___동사___ .
공부하다 = **study**, 좋은 성적을 얻다 = **get good grades**

➡ They don't know exactly what aptitudes they have,
but just study to get good grades.

4

번째 문장 영작해 보기

이것은 구식 교육 시스템이며, 따라서 우리는 학생들을
가르치는 방식을 바꿔야 합니다.

힌트 이것은 ~입니다. = **It is a(an)** ___명사___ .
구식의 = **outdated**, 교육 시스템 = **education system**
우리는 ~해야 합니다. = **We need to** ___동사___ ., 바꾸다 = **change**
우리가 ~하는 방식 = **the way we** ___동사___ . 가르치다 = **teach**

➡ It is an outdated education system, so we need to
change the way we teach our students.

자, 이제 1분 동안 '영어'로 답해 볼까요? 🎧 MP3 070

① 휴대폰으로 상단의 QR코드를 스캔한 후 '1분 영어 말하기 훈련 영상'이 재생되면,
② 원어민이 직접 녹음한 문장들을 한 문장씩 듣고 따라 말하는 연습을 하고,
③ 한 문장씩 말하는 연습을 끝낸 후엔, 1분짜리 영어 답변을 스스로 말해 봅니다.

1 No, I don't agree that the Korean education system is effective. **2** Korean students are usually forced to study to get good scores on the tests. **3** They don't know exactly what aptitudes they have, but just study to get good grades. **4** It is an outdated education system, so we need to change the way we teach our students.

오늘의 영어회화 필수표현 총정리

077 **I don't agree that** <u>문장</u>. = 저는 ~라는 것에 동의하지 않습니다.

078 **get a good score on the test** = 시험에서 좋은 점수를 얻다

079 **study to get a good grade** = 좋은 성적을 얻기 위해 공부하다

080 **change the way A** <u>동사</u> = A가 ~하는 방식을 바꾸다

한국 교육의 장점

Q

Do you agree that the Korean education system is effective? Why or why not?

당신은 한국의 교육 시스템이 효과적이라는 것에 동의하나요?
(동의한다면) 왜, 또는 (반대한다면) 왜 그렇지 않나요?

이런 내용으로 답해 보면 어떨까요?

네, 저는 한국의 교육 시스템이 효과적이라는 것에 동의합니다. 한국의 학교들은 많이 변화해왔고, 이들은 학생들이 자신만의 적성을 찾는 것을 돕기 위해 노력하고 있습니다. 그 예로, 다양한 종류의 특수 학교, 혹은 대안 학교들이 존재하고 있습니다. 따라서 학생들은 이들이 배우고자 하는 것을 공부하고 싶은 학교를 선택할 수 있습니다.

1 번째 문장 영작해 보기

네, 저는 한국의 교육 시스템이
효과적이라는 것에 동의합니다.

 저는 ~라는 것에 동의합니다. = **I agree that** <u>문장</u> .
A는 ~합니다. = **A is(are)** <u>형용사</u> .
한국의 교육 시스템 = **Korean education system**
효과적인 = **effective**

✎ _____

_____

➡ Yes, I agree that the Korean education system is
effective.

2 번째 문장 영작해 보기

한국의 학교들은 많이 변화해왔고, 이들은 학생들이
자신만의 적성을 찾는 것을 돕기 위해 노력하고 있습니다.

 A는 많이 변화해왔습니다. = **A have(has) changed a lot**.
한국의 학교들 = **Korean schools**
이들은 ~하기 위해 노력하고 있습니다. = **They are trying to** <u>동사</u> .
A가 ~하는 것을 돕다 = **help A** <u>동사</u> . 찾다 = **find**. 적성 = **aptitude**

✎ _____

_____

➡ Korean schools have changed a lot and they are
trying to help students find their aptitudes.

3

번째 문장 영작해 보기

그 예로, 다양한 종류의 특수 학교,
혹은 대안 학교들이 존재하고 있습니다.

힌트 예를 들어서, 그 예로 = **for example**
~이 존재하고 있습니다. = **There is(are)** <u>명사</u>.
다양한 종류의 ~ = **various kinds of** <u>복수 명사</u>
특수 학교 = **specialized school**, 대안 학교 = **alternative school**

➡ For example, there are various kinds of specialized or
alternative schools.

4

번째 문장 영작해 보기

따라서 학생들은 이들이 배우고자 하는 것을
공부하고 싶은 학교를 선택할 수 있습니다.

힌트 학생들은 ~할 수 있습니다. = **Students can** <u>동사</u>.
이들이 ~하고 싶은 학교 = **school where they want to** <u>동사</u>
이들이 ~하고자 하는 것 = **what they want to** <u>동사</u>
선택하다 = **choose**, 공부하다 = **study**, 배우다 = **learn**

➡ So students can choose the school where they want
to study what they want to learn.

자, 이제 1분 동안 '영어'로 답해 볼까요? MP3 071

① 휴대폰으로 상단의 QR코드를 스캔한 후 '1분 영어 말하기 훈련 영상'이 재생되면,
② 원어민이 직접 녹음한 문장들을 한 문장씩 듣고 따라 말하는 연습을 하고,
③ 한 문장씩 말하는 연습을 끝낸 후엔, 1분짜리 영어 답변을 스스로 말해 봅니다.

1 Yes, I agree that the Korean education system is effective. **2** Korean schools have changed a lot and they are trying to help students find their aptitudes. **3** For example, there are various kinds of specialized or alternative schools. **4** So students can choose the school where they want to study what they want to learn.

오늘의 영어회화 필수표현 총정리

081 **try to help A __동사__** = A가 ~하는 것을 돕기 위해 노력하다
082 **find one's aptitude** = ~의 적성을 찾다
083 **There are various kinds of __복수 명사__ .** = 다양한 종류의 ~이 있습니다.
084 **specialized school / alternative school** = 특수 학교 / 대안 학교

Lesson 072

노령화 문제

Q

These days, an aging population is a big problem in Korea. What should we do about it?

요즘 노령 인구가 한국에서 큰 문제입니다.
이와 관련해 우리가 무엇을 해야만 할까요?

이런 내용으로 답해 보면 어떨까요?

전 우리가 노령 인구를 위해 실현 가능한 복지 정책들을 개발해야 한다고 봅니다.
요즈음, 우리는 열악한 환경에서 홀로 사는 노인 분들을 많이 볼 수 있습니다. 이들
중 일부는 경제적 어려움과 외로움 때문에 심지어 자살을 하기도 합니다. 따라서
이들이 좀더 나은 삶을 살 수 있도록 해줄 현실적인 복지 정책들이 있어야만 합니다.

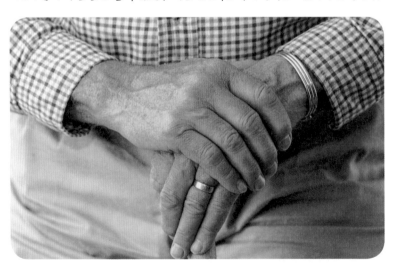

1

전 우리가 노령 인구를 위해 실현 가능한
복지 정책들을 개발해야 한다고 봅니다.

힌트 저는 우리가 ~해야 한다고 봅니다. = **I think we should** 동사 .
개발(창조)하다 = **build up**, 실현(실행) 가능한 = **workable**
복지 정책 = **welfare policy**, ~을 위해 = **for** 명사
노령 인구 = **aging population**

➡ I think we should build up workable welfare policies
for an aging population.

2

요즈음, 우리는 열악한 환경에서 홀로 사는
노인 분들을 많이 볼 수 있습니다.

힌트 요즈음 = **these days**
우리는 ~을 많이 볼 수 있습니다. = **We can see many** 복수 명사 .
~하는 노인 분들 = **aged people who** 동사
혼자 살다 = **live alone**, 열악한 환경에서 = **in a poor environment**

➡ These days, we can see many aged people who live
alone in a poor environment.

3

번째 문장 영작해 보기

이들 중 일부는 경제적 어려움과 외로움 때문에
심지어 자살을 하기도 합니다.

힌트 A는 심지어 ~하기도 합니다. = **A even** __동사__ .
이들 중 일부 = **some of them**, 자살을 하다 = **commit suicide**
~ 때문에 = **because of** __명사__
경제적 어려움 = **economic difficulties**, 외로움 = **loneliness**

➡ Some of them even commit suicide because of economic
difficulties and loneliness.

4

번째 문장 영작해 보기

따라서 이들이 좀더 나은 삶을 살 수 있도록 해줄
현실적인 복지 정책들이 있어야만 합니다.

힌트 ~해줄 A가 있어야만 합니다. = **There must be A to** __동사__ .
현실적인 = **realistic**, 복지 정책 = **welfare policy**
이들이 ~하도록 해주다 = **help them** __동사__
좀더 나은 삶을 살다 = **live better lives**

➡ So there must be some realistic welfare policies to
help them live better lives.

자, 이제 1분 동안 '영어'로 답해 볼까요?

 MP3 072

① 휴대폰으로 상단의 QR코드를 스캔한 후
'1분 영어 말하기 훈련 영상'이 재생되면,
② 원어민이 직접 녹음한 문장들을 한 문
장씩 듣고 따라 말하는 연습을 하고,
③ 한 문장씩 말하는 연습을 끝낸 후엔, 1분
짜리 영어 답변을 스스로 말해 봅니다.

1 I think we should build up workable welfare policies for an aging population. **2** These days, we can see many aged people who live alone in a poor environment. **3** Some of them even commit suicide because of economic difficulties and loneliness. **4** So there must be some realistic welfare policies to help them live better lives.

오늘의 영어회화 필수표현 총정리

085 **build up (workable) welfare polices** = (실현 가능한) 복지 정책을 세우다

086 **live alone in a poor environment** = 열악한 환경에서 홀로 살다

087 **commit suicide** = 자살을 하다

088 **economic difficulties / loneliness** = 경제적 어려움 / 외로움

성형 수술

Q These days, many people in Korea get plastic surgery. Why do you think they get plastic surgery?

요즘, 한국에서 많은 사람들이 성형 수술을 받습니다. 당신은 왜 이들이 성형 수술을 받는다고 생각하나요?

이런 내용으로 답해 보면 어떨까요?

저는 이들이 다른 사람들에게 사랑 받고 인정 받고 싶어 하기 때문에 그렇다고 생각합니다. 좋은 성격, 그리고 뛰어난 업무 능력을 갖춘 사람들은 정말 많습니다. 하지만 이들 중 몇몇은 단지 이들의 외모 때문에 종종 거부를 당하고 맙니다. 따라서 이들은 다른 사람들에게 인정 받고자 더 나은 외모를 갖기 위해 성형 수술을 받습니다.

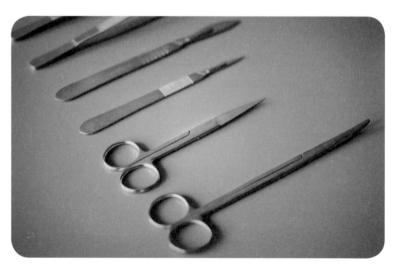

1 번째 문장 영작해 보기

저는 이들이 다른 사람들에게 사랑 받고
인정 받고 싶어 하기 때문에 그렇다고 생각합니다.

힌트   저는 ~이기 때문에 그렇다고 생각합니다. = **I think it is because** __문장__ .
이들은 ~하고 싶어 합니다. = **They want to** __동사__ .
다른 사람들 = **other people**, ~에게 사랑 받다 = **be loved by** __명사__
~에게 인정 받다 = **be appreciated by** __명사__

_____

_____

➡ I think it is because they want to be loved and appreciated
   by other people.

2 번째 문장 영작해 보기

좋은 성격, 그리고 뛰어난 업무 능력을 갖춘
사람들은 정말 많습니다.

힌트   ~은 정말 많습니다. = **There are so many** __복수 명사__ .
~을 갖춘 사람들 = **people who have** __명사__
(좋은) 성격 = **(great) personalities**
(뛰어난) 업무 능력 = **(great) work abilities**

_____

_____

➡ There are so many people who have great personalities
   and work abilities.

3

하지만 이들 중 몇몇은 단지 이들의 외모 때문에
종종 거부를 당하고 맙니다.

힌트 A는 거부를 당하고 맙니다. = **A is(are) rejected**.
가끔, 종종 = **sometimes**, 이들 중 몇몇 = **some of them**
단지 ～ 때문에 = **only because of** _명사_
이들의 외모 = **their appearance**

➡ But some of them are sometimes rejected, only
because of their appearance.

4

따라서 이들은 다른 사람들에게 인정 받고자
더 나은 외모를 갖기 위해 성형 수술을 받습니다.

힌트 이들은 ～하고자 ～하기 위해 ～합니다. = **They** _동사_ **to** _동사_ **to** _동사_ .
성형 수술을 받다 = **get plastic surgery**
더 나은 외모를 갖다 = **have better looks**
～에게 인정 받다 = **be appreciated by** _명사_ , 다른 사람들 = **other people**

➡ So they get plastic surgery to have better looks to
be appreciated by other people.

자, 이제 1분 동안 '영어'로 답해 볼까요?  MP3 073

① 휴대폰으로 상단의 QR코드를 스캔한 후 '1분 영어 말하기 훈련 영상'이 재생되면,

② 원어민이 직접 녹음한 문장들을 한 문장씩 듣고 따라 말하는 연습을 하고,

③ 한 문장씩 말하는 연습을 끝낸 후엔, 1분 짜리 영어 답변을 스스로 말해 봅니다.

1 I think it is because they want to be loved and appreciated by other people. 2 There are so many people who have great personalities and work abilities. 3 But some of them are sometimes rejected, only because of their appearance. 4 So they get plastic surgery to have better looks to be appreciated by other people.

오늘의 영어회화 필수표현 총정리

089 **be loved(appreciated) by** ___명사___ = ~에게 사랑(인정) 받다

090 **be rejected because of** ___명사___ = ~ 때문에 거부를 당하다

091 **get plastic surgery** = 성형 수술을 받다

092 **appearance / have a better look** = 외모(외관) / 더 나은 외모를 갖다

도박

Q

Do you think gambling should be strictly prohibited or controlled in Korea?

당신은 도박이 한국에서 엄격히 금지되거나
관리되어야 한다고 생각하나요?

이런 내용으로 답해 보면 어떨까요?

저는 도박이 한국에서 엄격히 금지되어야 한다고 봅니다. 요즘, 우리는 종종 도박 때문에 돈을 몽땅 잃게 된 사람들을 많이 보게 됩니다. 도박은 중독성이 매우 강하기 때문에, 이들이 스스로 도박을 끊는 건 쉽지 않습니다. 그러므로 우리는 도박을 불법으로 만들어 도박을 하는 사람들에게 무거운 과태료를 부과해야 합니다.

1

번째 문장 영작해 보기

저는 도박이 한국에서 엄격히
금지되어야 한다고 봅니다.

힌트 저는 ~라고 봅니다(생각합니다). = **I think** 문장 .
A는 ~해야 합니다. = **A should** 동사 .
도박 = **gambling** ('도박을 하다'라는 뜻의 동사 'gamble'에 'ing'가 붙은 것)
(엄격히) 금지되다 = **be (strictly) prohibited**, 한국에서 = **in Korea**

➡ I think gambling should be strictly prohibited in Korea.

2

번째 문장 영작해 보기

요즈음, 우리는 종종 도박 때문에
돈을 몽땅 잃게 된 사람들을 많이 보게 됩니다.

힌트 요즈음 = **these days**
우리는 종종 ~을 많이 보게 됩니다. = **We often see many** 복수 명사 .
~을 잃게 된 사람들 = **people who have lost** 명사
이들의 모든 돈 = **all their money**, ~ 때문에 = **because of** 명사

➡ These days, we often see many people who have lost
all their money because of gambling.

3 번째 문장 영작해 보기

도박은 중독성이 매우 강하기 때문에,
이들이 스스로 도박을 끊는 건 쉽지 않습니다.

 힌트   A는 매우 ~합니다. = **A is(are) very** _형용사_ .
중독성이 있는(강한) = **addictive**
A가 ~하는 건 쉽지 않습니다. = **It isn't easy for A to** _동사_ .
도박을 끊다 = **stop gambling**, 이들 스스로 = **on their own**

➡ Gambling is very addictive, so it isn't easy for them to stop gambling on their own.

4 번째 문장 영작해 보기

그러므로 우리는 도박을 불법으로 만들어 도박을 하는
사람들에게 무거운 과태료를 부과해야 합니다.

 힌트   우리는 ~해야 합니다. = **We should** _동사_ .
A를 ~하게 만들다 = **make A** _형용사_ , 불법인 = **illegal**
~하는 사람들에게 A를 부과하다 = **impose A on people who** _동사_
(무거운) 과태료 = **(heavy) fine**, 도박을 하다 = **gamble**

➡ So we should make gambling illegal and impose heavy fines on people who gamble.

자, 이제 1분 동안 '영어'로 답해 볼까요?  **MP3 074**

① 휴대폰으로 상단의 QR코드를 스캔한 후 '1분 영어 말하기 훈련 영상'이 재생되면,
② 원어민이 직접 녹음한 문장들을 한 문장씩 듣고 따라 말하는 연습을 하고,
③ 한 문장씩 말하는 연습을 끝낸 후엔, 1분짜리 영어 답변을 스스로 말해 봅니다.

1 I think gambling should be strictly prohibited in Korea. **2** These days, we often see many people who have lost all their money because of gambling. **3** Gambling is very addictive, so it isn't easy for them to stop gambling on their own. **4** So we should make gambling illegal and impose heavy fines on people who gamble.

오늘의 영어회화 필수표현 총정리

093 **gamble / gambling** = 도박을 하다 / 도박(도박을 하는 것)
094 **A should be (strictly) prohibited.** = A는 (엄격히) 금지되어야 합니다.
095 **lose all one's money** = ~의 돈을 몽땅 잃다
096 **impose (heavy) fines on** <u> 명사 </u> = ~에 (무거운) 과태료를 부과하다

Chapter 4

인터넷에대해 영어로말하기

Lesson
075

Q

온라인 쇼핑의 장점

**Do you like to shop online?
Why or why not?**

당신은 온라인 쇼핑하는 걸 좋아하나요?
왜, 혹은 왜 그렇지 않나요?

이런 내용으로 답해 보면 어떨까요?

네, 저는 온라인 쇼핑하는 걸 좋아합니다, 왜냐하면 이는 매우 편리하고 시간을 절약할 수 있게 해주기 때문입니다. 예를 들어, 제가 어떤 옷을 살 필요가 있을 때, 전 집에서 온라인 상점들을 방문할 수 있습니다. 제가 어떤 좋은 물건들을 찾게 되면, 전 이들에 관한 정보를 이들의 웹사이트에서 손쉽게 확인할 수 있습니다. 제가 이들을 사기로 결정하게 되면, 저는 전자 결제 시스템을 통해 결제할 수 있습니다.

1 번째 문장 영작해 보기

네, 저는 온라인 쇼핑하는 걸 좋아합니다, 왜냐하면
이는 매우 편리하고 시간을 절약할 수 있게 해주기 때문입니다.

힌트　저는 ~하는 걸 좋아합니다. = **I like to** ＿동사＿.
온라인 쇼핑을 하다 = **shop online**, 이는 ~합니다. = **It is** ＿형용사＿.
이는 내가 ~할 수 있게 해줍니다. = **It helps me** ＿동사＿.
편리한 = **convenient**, 시간을 절약하다 = **save time**

➡ Yes, I like to shop online because it is very convenient
and helps me save time.

2 번째 문장 영작해 보기

예를 들어, 제가 어떤 옷을 살 필요가 있을 때,
전 집에서 온라인 상점들을 방문할 수 있습니다.

힌트　제가 ~할 필요가 있을 때 = **when I need to** ＿동사＿
(어떤) 옷을 사다 = **buy (some) clothes**
저는 ~할 수 있습니다. = **I can** ＿동사＿.
방문하다 = **visit**, 온라인 상점 = **online store**, 집에서 = **at home**

➡ For example, when I need to buy some clothes, I can
visit online stores at home.

3 번째 문장 영작해 보기

제가 어떤 좋은 물건들을 찾게 되면, 전 이들에 관한 정보를
이들의 웹사이트에서 손쉽게 확인할 수 있습니다.

 제가 ~하게 되면, 전 ~할 수 있습니다. = **If I** 동사 **. I can** 동사 **.**
찾다 = **find**, (어떤) 좋은 물건들 = **(some) good items**
~에 대한 정보를 확인하다 = **check information about** 명사
손쉽게 = **easily**, 이들의 웹사이트에서 = **on their websites**

➡ If I find some good items, I can easily check
information about them on their websites.

4 번째 문장 영작해 보기

제가 이들을 사기로 결정하게 되면,
저는 전자 결제 시스템을 통해 결제할 수 있습니다.

 제가 ~하게 되면, 전 ~할 수 있습니다. = **If I** 동사 **. I can** 동사 **.**
~하기로 결정하다 = **decide to** 동사 **.** 사다 = **buy**
~을 통해 결제하다(지불하다) = **pay through** 명사
전자 결제 시스템 = **electronic payment system**

➡ If I decide to buy them, I can pay through the electronic
payment system.

자, 이제 1분 동안 '영어'로 답해 볼까요?

 MP3 075

① 휴대폰으로 상단의 QR코드를 스캔한 후
'1분 영어 말하기 훈련 영상'이 재생되면,
② 원어민이 직접 녹음한 문장들을 한 문장씩 듣고 따라 말하는 연습을 하고,
③ 한 문장씩 말하는 연습을 끝낸 후엔, 1분짜리 영어 답변을 스스로 말해 봅니다.

1 Yes, I like to shop online because it is very convenient and helps me save time. **2** For example, when I need to buy some clothes, I can visit online stores at home. **3** If I find some good items, I can easily check information about them on their websites. **4** If I decide to buy them, I can pay through the electronic payment system.

오늘의 영어회화 필수표현 총정리

097 **shop online** = 온라인 쇼핑을 하다
098 **save time / save money** = 시간을 절약하다 / 돈을 절약하다
099 **visit online stores at home** = 집에서 온라인 상점들을 방문하다
100 **electronic payment system** = 전자 결제 시스템

온라인 쇼핑의 단점

Q

Do you like to shop online?
Why or why not?

당신은 온라인 쇼핑하는 걸 좋아하나요?
왜, 혹은 왜 그렇지 않나요?

이런 내용으로 답해 보면 어떨까요?

아니요, 저는 온라인 쇼핑하는 걸 안 좋아합니다, 왜냐하면 전 온라인 상점에 올라
와 있는 정보를 믿지 않기 때문입니다. 몇 개월 전, 저는 온라인 상점 중 한 곳에서
티셔츠를 한 벌 구매했었습니다. 이것(티셔츠)은 웹사이트에 있는 사진 속에서 매우
멋져 보였고, 그래서 저는 이를 구매하기로 결정했습니다. 하지만 저는 제가 받을
걸로 기대하지도 않았던 완전히 다른 제품을 받게 되어 너무나 실망하고 말았습니다.

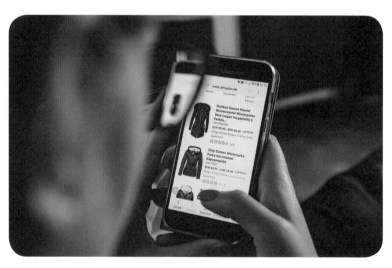

1 번째 문장 영작해 보기

아니요, 저는 온라인 쇼핑하는 걸 안 좋아합니다, 왜냐하면
전 온라인 상점에 올라와 있는 정보를 믿지 않기 때문입니다.

힌트

저는 ~하는 걸 안 좋아합니다. = **I don't like to** 동사 .
온라인 쇼핑을 하다 = **shop online**, 온라인 상점 = **online store**
저는 ~을 믿지 않습니다. = **I don't trust** 명사 .
~에 올라와 있는 정보 = **information on** 명사

➡ No, I don't like to shop online because I don't trust
the information on online stores.

2 번째 문장 영작해 보기

몇 개월 전, 저는 온라인 상점 중 한 곳에서
티셔츠를 한 벌 구매했었습니다.

힌트

몇 개월 전 = **a few months ago**
저는 ~을 한 개(한 벌) 구매했었습니다. = **I bought a(an)** 명사 .
~ 중 한 곳에서(한 곳으로부터) = **from one of the** 복수 명사
티셔츠 = **T-shirt**, 온라인 상점 = **online store**

➡ A few months ago, I bought a T-shirt from one of
the online stores.

3 번째 문장 영작해 보기

이것(티셔츠)은 웹사이트에 있는 사진 속에서 매우 멋져 보였고,
그래서 저는 이를 구매하기로 결정했습니다.

힌트 이것은 (매우) ~해 보였습니다. = **It looked (really)** _형용사_ .
멋진, 좋은 = **nice**, 사진 속에서 = **in the pictures**
웹사이트 상의, 웹사이트에 있는 = **on the website**
저는 ~하기로 결정했습니다. = **I decided to** _동사_ ., 구매하다 = **buy**

➡ It looked really nice in the pictures on the website,
so I decided to buy it.

4 번째 문장 영작해 보기

하지만 저는 제가 받을 걸로 기대하지도 않았던 완전히
다른 제품을 받게 되어 너무나 실망하고 말았습니다.

힌트 저는 ~을 받았습니다. = **I got** _명사_ .
내가 ~할 걸로 기대하지도 않았던 A = **A that I didn't expect to** _동사_
완전히 다른 것(제품) = **totally different one**, 받다 = **get**
저는 (너무나) ~했습니다. = **I was (very)** _형용사_ ., 실망한 = **disappointed**

➡ But I got a totally different one that I didn't expect
to get, so I was very disappointed.

자, 이제 1분 동안 '영어'로 답해 볼까요? 🎧 **MP3 076**

① 휴대폰으로 상단의 QR코드를 스캔한 후 '1분 영어 말하기 훈련 영상'이 재생되면,
② 원어민이 직접 녹음한 문장들을 한 문장씩 듣고 따라 말하는 연습을 하고,
③ 한 문장씩 말하는 연습을 끝낸 후엔, 1분 짜리 영어 답변을 스스로 말해 봅니다.

1 No, I don't like to shop online because I don't trust the information on online stores. **2** A few months ago, I bought a T-shirt from one of the online stores. **3** It looked really nice in the pictures on the website, so I decided to buy it. **4** But I got a totally different one that I didn't expect to get, so I was very disappointed.

오늘의 영어회화 필수표현 총정리

101 **I don't trust** __명사__ . = 저는 ~을 믿지 않습니다.

102 **buy** __명사__ **from A** = A로부터(A에서) ~을 구매하다

103 **look** __형용사__ **in the picture** = 사진 속에서 ~해 보이다

104 **get totally different one** = 완전히 다른 것을 받다

인터넷 광고의
좋은 점

Q

Do you think Internet advertisements are effective? Why or why not?

당신은 인터넷 광고가 효과적이라고 생각하나요?
왜, 혹은 왜 그렇지 않다고 생각하나요?

이런 내용으로 답해 보면 어떨까요?

네, 저는 인터넷 광고가 매우 효과적이라고 생각합니다. 예를 들어, '네이버' 같은 일부 유명 웹사이트들은 수백만 명의 일일 방문객을 보유하고 있습니다. 따라서 광고들이 이러한 웹사이트 상에 게시되면, 이들은 매우 손쉽게 많은 이들에게 노출될 수 있습니다. 이들은 인터넷이 가능한 어디에서든 보여질 수 있으며, 따라서 공간의 제약을 받지 않습니다.

1

번째 문장 영작해 보기

네, 저는 인터넷 광고가
매우 효과적이라고 생각합니다.

힌트

저는 ~라고 생각합니다. = **I think** 문장 .
A는 ~합니다. = **A is(are)** 형용사 .
인터넷 광고 = **Internet advertisement**
(매우) 효과적인 = **(very) effective**

_____

_____

➡ Yes, I think Internet advertisements are very effective.

2

번째 문장 영작해 보기

예를 들어, '네이버' 같은 일부 유명 웹사이트들은
수백만 명의 일일 방문객을 보유하고 있습니다.

힌트

예를 들어 = **for example**
A는 ~을 보유하고 있습니다. = **A have(has)** 명사 .
~와 같은 (일부) 유명 웹사이트들 = **(some) popular websites like** 명사
수백만 명의 ~ = **millions of** 복수 명사 , 일일 방문객 = **daily visitor**

_____

_____

➡ For example, some popular websites like 'Naver' have millions of daily visitors.

3 번째 문장 영작해 보기

따라서 광고들이 이러한 웹사이트 상에 게시되면,
이들은 매우 손쉽게 많은 이들에게 노출될 수 있습니다.

힌트 만약 A가 ~하면, 이들은 ~할 수 있습니다. = **If A** _동사_ , **they can** _동사_ .
광고 = **ad(advertisement)**, ~ 상에 게시되다 = **be put on** _명사_
~에게 보여지다(노출되다) = **be seen by** _명사_
많은 이들(사람들) = **many people**, 매우 손쉽게 = **very easily**

_____

_____

➡ So if the ads are put on those websites, they can be
seen by many people very easily.

4 번째 문장 영작해 보기

이들은 인터넷이 가능한 어디에서든 보여질 수 있으며,
따라서 공간의 제약을 받지 않습니다.

힌트 이들은 ~할 수 있습니다. = **They can** _동사_ .
A가 ~한 어디에서든 보여지다 = **be shown wherever A is(are)** _형용사_
이들은 ~의 제약을 받지 않습니다. = **They are not limited by** _명사_ .
이용 가능한, 유효한 = **available**, 공간 = **space**

_____

_____

➡ They can be shown wherever the Internet is available,
so they're not limited by space.

자, 이제 1분 동안 '영어'로 답해 볼까요? 🎧 **MP3 077**

① 휴대폰으로 상단의 QR코드를 스캔한 후 '1분 영어 말하기 훈련 영상'이 재생되면,
② 원어민이 직접 녹음한 문장들을 한 문장씩 듣고 따라 말하는 연습을 하고,
③ 한 문장씩 말하는 연습을 끝낸 후엔, 1분짜리 영어 답변을 스스로 말해 봅니다.

1 Yes, I think Internet advertisements are very effective. **2** For example, some popular websites like 'Naver' have millions of daily visitors. **3** So if the ads are put on those websites, they can be seen by many people very easily. **4** They can be shown wherever the Internet is available, so they're not limited by space.

오늘의 영어회화 필수표현 총정리

105 **Internet advertisement** = 인터넷 광고

106 **have millions of daily visitors** = 수백만 명의 일일 방문객을 보유하다

107 **be put on 명사 / be seen by 명사** = ~에 게시되다 / ~에게 보여지다

108 **be not limited by 명사** = ~의 제약을 받지 않다

Lesson
078

Q

인터넷 광고의
나쁜 점

Do you think Internet advertisements are effective? Why or why not?

당신은 인터넷 광고가 효과적이라고 생각하나요?
왜, 혹은 왜 그렇지 않다고 생각하나요?

이런 내용으로 답해 보면 어떨까요?

아니요, 저는 인터넷 광고가 효과적이라고 생각하지 않습니다. 광고를 하는 사람들은 유명 웹사이트들에 광고를 올리고 많은 사람들이 이를 보길 기대합니다. 하지만 대부분의 사람들은 이들 광고에 전혀 관심이 없기 때문에, 이들(광고들)을 거의 눈여겨보지 않습니다. 사람들은 이들이 필요한 정보를 얻기 위해 웹사이트를 방문하지, 광고를 보기 위해 방문하진 않습니다.

1

아니요, 저는 인터넷 광고가
효과적이라고 생각하지 않습니다.

힌트 저는 ~라고 생각하지 않습니다. = **I don't think** 문장 .
A는 ~합니다. = **A is(are)** 형용사 .
인터넷 광고 = **Internet advertisement**
효과적인 = **effective**

➡ No, I don't think Internet advertisements are
effective.

2

광고를 하는 사람들은 유명 웹사이트들에 광고를 올리고
많은 사람들이 이를 보길 기대합니다.

힌트 광고를 하는 사람 = **advertiser**, 유명 웹사이트 = **popular website**
~에 광고들을 올리다(게시하다) = **put the ads on** 명사
A가 ~하길 기대하다 = **expect A to** 동사
많은 사람들 = **many people**, 보다 = **see**

➡ Advertisers put the ads on popular websites and
expect many people to see them.

3 번째 문장 영작해 보기

하지만 대부분의 사람들은 이들 광고에 전혀 관심이 없기 때문에, 이들(광고들)을 거의 눈여겨보지 않습니다.

 힌트 사람들은 거의 ~하지 않습니다. = **People rarely** 동사 .
대부분의 사람들 = **most people**, 주목하다, 눈여겨보다 = **notice**
이들은 ~에 관심이 없습니다. = **They are not interested in** 명사 .
전혀 = **at all**, 이들의 광고 = **their ads**

➡ But most people rarely notice them, because they are not interested in their ads at all.

4 번째 문장 영작해 보기

사람들은 이들이 필요한 정보를 얻기 위해 웹사이트를 방문하지, 광고를 보기 위해 방문하진 않습니다.

 힌트 사람들은 ~하기 위해 A를 방문하지, ~하기 위해 방문하진 않습니다.
= **People visit A to** 동사 , **not to** 동사 .
얻다, 구하다 = **get**, 이들이 ~하는 정보 = **information they** 동사
필요하다 = **need**, 보다 = **see**, 광고 = **ad**

➡ People visit the websites to get information they need, not to see the ads.

1분 말하기 훈련 078

자, 이제 1분 동안 '영어'로 답해 볼까요? MP3 078

① 휴대폰으로 상단의 QR코드를 스캔한 후 '1분 영어 말하기 훈련 영상'이 재생되면,
② 원어민이 직접 녹음한 문장들을 한 문장씩 듣고 따라 말하는 연습을 하고,
③ 한 문장씩 말하는 연습을 끝낸 후엔, 1분짜리 영어 답변을 스스로 말해 봅니다.

1 No, I don't think Internet advertisements are effective. **2** Advertisers put the ads on popular websites and expect many people to see them. **3** But most people rarely notice them, because they are not interested in their ads at all. **4** People visit the websites to get information they need, not to see the ads.

오늘의 영어회화 필수표현 총정리

109 **put the ads on 명사** = ~에 광고를 게시하다
110 **expect A to 동사** = A가 ~하길 기대하다
111 **A is(are) interested in 명사** . = A는 ~에 관심이 있습니다.
112 **A is(are) not interested in 명사 at all**. = A는 ~에 전혀 관심이 없습니다.

Q

은행 대신?
인터넷 뱅킹!

Tell me about the advantages or disadvantages of Internet banking.

인터넷 뱅킹의 장점 혹은 단점에 대해
제게 이야기해 보십시오.

이런 내용으로 답해 보면 어떨까요?

한 가지 장점은 우리가 더 이상 은행을 직접 방문할 필요가 없다는 것입니다. 우리는 보통 낮 동안엔 일하느라 바빠서 은행에 갈 시간이 없습니다. 하지만 인터넷 뱅킹 덕분에 우리는 집이나 사무실에서 은행 서비스를 이용할 수 있습니다. 그리고 또 다른 장점은 우리가 인터넷 뱅킹을 사용하면 그 어떤 서식도 작성할 필요가 없다는 것입니다.

1 번째 문장 영작해 보기

한 가지 장점은 우리가 더 이상 은행을 직접
방문할 필요가 없다는 것입니다.

힌트 한 가지 장점은 ~라는 것입니다. = **One advantage is that** <u>문장</u> .
우리는 (더 이상) ~할 필요가 없습니다.
= **We don't have to** <u>동사</u> **(anymore)**.
~을 직접 방문하다 = **visit** <u>명사</u> **in person**. 은행 = **bank**

➡ One advantage is that we don't have to visit banks
in person anymore.

2 번째 문장 영작해 보기

우리는 보통 낮 동안엔 일하느라 바빠서
은행에 갈 시간이 없습니다.

힌트 우리는 (보통) ~하느라 바쁩니다. = **We are (usually) busy** <u>동사-ing</u> .
일하다 = **work**, 낮 동안 = **during the daytime**
우리는 ~할 시간이 없습니다. = **We don't have time to** <u>동사</u> .
~에 가다 = **go to** <u>명사</u> , 은행 = **bank**

➡ We are usually busy working during the daytime, so
we don't have time to go to banks.

3 번째 문장 영작해 보기

하지만 인터넷 뱅킹 덕분에 우리는 집이나 사무실에서
은행 서비스를 이용할 수 있습니다.

힌트 ~ 덕분에 = **thanks to** 명사 . 인터넷 뱅킹 = **Internet banking**
우리는 ~할 수 있습니다. = **We can** 동사 .
이용(사용)하다 = **use**, 은행 서비스 = **banking service**
집에서 = **at home**, 사무실에서 = **in the office**

➡ But thanks to Internet banking, we can use a banking
service at home or in the office.

4 번째 문장 영작해 보기

그리고 또 다른 장점은 우리가 인터넷 뱅킹을 사용하면
그 어떤 서식도 작성할 필요가 없다는 것입니다.

힌트 또 다른 장점은 ~라는 것입니다. = **The other advantage is that** 문장 .
우리는 ~할 필요가 없습니다. = **We don't have to** 동사 .
~을 작성하다 = **fill out** 명사 , 서식 = **form**
~으로(~을 사용하면) = **with** 명사 , 인터넷 뱅킹 = **Internet banking**

➡ And the other advantage is that we don't have to fill
out any forms with Internet banking.

자, 이제 1분 동안 '영어'로 답해 볼까요? MP3 079

① 휴대폰으로 상단의 QR코드를 스캔한 후 '1분 영어 말하기 훈련 영상'이 재생되면,
② 원어민이 직접 녹음한 문장들을 한 문장씩 듣고 따라 말하는 연습을 하고,
③ 한 문장씩 말하는 연습을 끝낸 후엔, 1분짜리 영어 답변을 스스로 말해 봅니다.

1 One advantage is that we don't have to visit banks in person anymore. **2** We are usually busy working during the daytime, so we don't have time to go to banks. **3** But thanks to Internet banking, we can use a banking service at home or in the office. **4** And the other advantage is that we don't have to fill out any forms with Internet banking.

오늘의 영어회화 필수표현 총정리

113 **A don't(doesn't) have to** 동사 . = A는 ～할 필요가 없습니다.

114 **A is(are) busy** 동사-ing . = A는 ～하느라 바쁩니다.

115 **do not have time to** 동사 = ～할 시간이 없다

116 **fill out a form** = 서식을 작성하다

Lesson

080

Q

개인 정보를
보호하는 방법

What do you think is the best way to protect personal information on the Internet?

당신은 인터넷 상에서 개인 정보를 보호할 수 있는
가장 좋은 방법이 무엇이라고 생각하나요?

이런 내용으로 답해 보면 어떨까요?

저는 어려운 암호를 사용하는 것과 웹사이트 보안을 강화하는 것이 가장 좋은 방법이라고 생각합니다. 우리가 길고 어려운 암호를 사용하면, 해커들이 이를 추측하는 것이 어려울 겁니다. 그리고 사람들은 보통 어떤 웹사이트든 가입할 때 이들의 개인 정보를 입력해야만 합니다. 따라서 우리는 해킹 및 정보를 훔치는 것을 예방하기 위해 웹사이트 보안을 강화해야 합니다

1

번째 문장 영작해 보기

저는 어려운 암호를 사용하는 것과 웹사이트 보안을
강화하는 것이 가장 좋은 방법이라고 생각합니다.

힌트 저는 ~라고 생각합니다. = **I think** <u>문장</u> .
~하는 것이 가장 좋은 방법입니다. = **The best way is to** <u>동사</u> .
사용하다 = **use**, (어려운) 암호 = **(difficult) password**
더 엄격히 하다, 강화하다 = **tighten**, 웹사이트 보안 = **website security**

➡ I think the best way is to use difficult passwords and
to tighten website security.

2

번째 문장 영작해 보기

우리가 길고 어려운 암호를 사용하면,
해커들이 이를 추측하는 것이 어려울 겁니다.

힌트 우리가 ~하면 = **if we** <u>동사</u>
사용하다 = **use**, 길고 어려운 암호 = **long and difficult password**
A가 ~하는 것은 ~할 겁니다. = **It would be** <u>형용사</u> **for A to** <u>동사</u> .
해커 = **hacker**, 어려운 = **difficult**, 추측하다 = **guess**

➡ If we use long and difficult passwords, it would be
difficult for hackers to guess them.

3 번째 문장 영작해 보기

그리고 사람들은 보통 어떤 웹사이트든 가입할 때
이들의 개인 정보를 입력해야만 합니다.

힌트 사람들은 (보통) ~해야 합니다. = **People (usually) have to __동사__ .**
입력하다 = **enter**, 이들의 개인 정보 = **their personal data**
이들이 ~할 때 = **when they __동사__**
가입하다 = **join**, (어떤) 웹사이트(든) = **(any) websites**

➡ And people usually have to enter their personal data when they join any websites.

4 번째 문장 영작해 보기

따라서 우리는 해킹 및 정보를 훔치는 것을 예방하기
위해 웹사이트 보안을 강화해야 합니다.

힌트 우리는 ~하기 위해 ~해야 합니다. = **We should __동사__ to __동사__ .**
더 엄격히 하다, 강화하다 = **tighten**, 웹사이트 보안 = **website security**
예방하다 = **prevent**, 해킹 = **hacking**
~을 훔치는 것 = **stealing of __명사__ ,** 정보 = **information**

➡ So we should tighten website security to prevent hacking and stealing of information

자, 이제 1분 동안 '영어'로 답해 볼까요?  MP3 080

① 휴대폰으로 상단의 QR코드를 스캔한 후 '1분 영어 말하기 훈련 영상'이 재생되면,

② 원어민이 직접 녹음한 문장들을 한 문장씩 듣고 따라 말하는 연습을 하고,

③ 한 문장씩 말하는 연습을 끝낸 후엔, 1분짜리 영어 답변을 스스로 말해 봅니다.

1 I think the best way is to use difficult passwords and to tighten website security. 2 If we use long and difficult passwords, it would be difficult for hackers to guess them. 3 And people usually have to enter their personal data when they join any websites. 4 So we should tighten website security to prevent hacking and stealing of information.

오늘의 영어회화 필수표현 총정리

117 **The best way is to** ＿동사＿ . = 가장 좋은 방법은 ~하는 것입니다.

118 **use a long and difficult password** = 길고 어려운 암호를 사용하다

119 **tighten website security** = 웹사이트 보안을 강화하다

120 **enter one's personal data** = ~의 개인 정보를 입력하다

Chapter 5

스마트폰
&SNS
에대해
영어로말하기

Lesson
081

스마트폰의 '긍정적 측면'

Q

Do you agree that smart phones have improved the quality of our lives?

당신은 스마트폰이 우리 삶의 질을
향상시켰다는 것에 동의하나요?

이런 내용으로 답해 보면 어떨까요?

네, 저는 스마트폰이 우리 삶의 질을 향상시켰다는 것에 동의합니다. 스마트폰은 시간과 장소에 관계없이 인터넷에 접속하는 것을 가능하게 합니다. 따라서 우리는 매우 신속하게 정보를 얻을 수 있고 전 세계에 무슨 일이 일어나고 있는지 볼 수 있습니다. 또한, 우리는 카카오톡과 같은 어플리케이션으로 매우 손쉽게 사람들과 소통할 수 있습니다.

1 번째 문장 영작해 보기

네, 저는 스마트폰이 우리 삶의 질을
향상시켰다는 것에 동의합니다.

힌트
저는 ~라는 것에 동의합니다. = **I agree that** 문장 .
A는 ~을 향상시켰습니다. = **A have(has) improved** 명사 .
스마트폰 = **smart phone**
~의 질 = **the quality of** 명사 , 우리의 삶 = **our lives**

➡ Yes, I agree that smart phones have improved the quality of our lives.

2 번째 문장 영작해 보기

스마트폰은 시간과 장소에 관계없이
인터넷에 접속하는 것을 가능하게 합니다.

힌트
A는 ~하는 것을 가능하게 합니다. = **A make(s) it possible to** 동사 .
~에 접근(접속)하다 = **access** 명사 , 인터넷 = **Internet**
~에 관계없이 = **regardless of** 명사
시간 = **time**, 장소(공간) = **place**

➡ Smart phones make it possible to access the Internet regardless of time and place.

3 번째 문장 영작해 보기

따라서 우리는 매우 신속하게 정보를 얻을 수 있고
전 세계에 무슨 일이 일어나고 있는지 볼 수 있습니다.

 힌트 우리는 ~할 수 있습니다. = **We can** 동사 .
얻다 = **get**, 정보 = **information**
보다 = **see**, 무슨 일이 일어나고 있는지 = **what is happening**
전 세계에 = **around the world**, 매우 신속하게 = **very fast**

✎ _____

_____

➡ So we can get information and see what is happening around the world very fast.

4 번째 문장 영작해 보기

또한, 우리는 카카오톡과 같은 어플리케이션으로
매우 손쉽게 사람들과 소통할 수 있습니다.

 힌트 우리는 ~할 수 있습니다. = **We can** 동사 .
~와 소통(대화)하다 = **communicate with** 명사 , 사람들 = **people**
매우 손쉽게 = **very easily**, ~으로(~을 이용해서) = **with** 명사
어플리케이션 = **application**, ~와 같은 = **like** 명사

✎ _____

_____

➡ Also, we can communicate with people very easily with some applications like Kakaotalk.

자, 이제 1분 동안 '영어'로 답해 볼까요? MP3 081

① 휴대폰으로 상단의 QR코드를 스캔한 후 '1분 영어 말하기 훈련 영상'이 재생되면,

② 원어민이 직접 녹음한 문장들을 한 문장씩 듣고 따라 말하는 연습을 하고,

③ 한 문장씩 말하는 연습을 끝낸 후엔, 1분짜리 영어 답변을 스스로 말해 봅니다.

1 Yes, I agree that smart phones have improved the quality of our lives. **2** Smart phones make it possible to access the Internet regardless of time and place. **3** So we can get information and see what is happening around the world very fast. **4** Also, we can communicate with people very easily with some applications like Kakaotalk.

오늘의 영어회화 필수표현 총정리

121 **improve the quality of** 명사 = ~의 질을 향상시키다

122 **make it possible to** 동사 = ~하는 것을 가능하게 하다

123 **access** 명사 = ~에 접근(접속)하다

124 **regardless of** 명사 = ~에 관계없이

Lesson
082

스마트폰의 '부정적 측면'

Q

Do you agree that smart phones have improved the quality of our lives?

당신은 스마트폰이 우리 삶의 질을
향상시켰다는 것에 동의하나요?

이런 내용으로 답해 보면 어떨까요?

아니요, 저는 스마트폰이 우리 삶의 질을 향상시켰다는 것에 동의하지 않습니다. 요즈음, 저는 거의 하루 종일 스마트폰을 사용하는 많은 사람들을 자주 보게 됩니다. 저는 어떤 사람들은 스마트폰이 없으면 이들이 불안함을 느낀다는 사실 또한 들었습니다. 이는 일종의 중독이며, 따라서 저는 우리가 스마트폰 사용을 줄이기 위해 노력해야 한다고 생각합니다.

1

번째 문장 영작해 보기

아니요, 저는 스마트폰이 우리 삶의 질을
향상시켰다는 것에 동의하지 않습니다.

힌트 저는 ~라는 것에 동의하지 않습니다. = **I don't agree that** 문장 .
A는 ~을 향상시켰습니다. = **A have(has) improved** 명사 .
스마트폰 = **smart phone**
~의 질 = **the quality of** 명사 , 우리의 삶 = **our lives**

➡ No, I don't agree that smart phones have improved
the quality of our lives.

2

번째 문장 영작해 보기

요즈음, 저는 거의 하루 종일 스마트폰을 사용하는
많은 사람들을 자주 보게 됩니다.

힌트 요즈음, 오늘날 = **these days**
저는 ~을 자주 보게 됩니다. = **I often see** 명사 .
~하는 많은 사람들 = **many people who** 동사 , 사용하다 = **use**
이들의 스마트폰 = **their smart phones**, 거의 하루 종일 = **almost all day**

➡ These days, I often see many people who use their
smart phones almost all day.

3 번째 문장 영작해 보기

저는 어떤 사람들은 스마트폰이 없으면 이들이
불안함을 느낀다는 사실 또한 들었습니다.

 힌트 저는 ~라는 사실을 들었습니다. = **I heard that** 문장 .
어떤 사람들은 ~하게 느낍니다. = **Some people feel** 형용사 .
불안한 = **nervous**, 이들이 ~하지 않으면 = **when they don't** 동사
이들의 스마트폰을 갖고 있다 = **have their smart phones**

➡ I also heard that some people feel nervous when they don't have their smart phones.

4 번째 문장 영작해 보기

이는 일종의 중독이며, 따라서 저는 우리가 스마트폰
사용을 줄이기 위해 노력해야 한다고 생각합니다.

 힌트 이는 일종의 ~입니다. = **It is a kind of** 명사 .
중독 = **addiction**, 저는 ~라고 생각합니다 = **I think** 문장 .
우리는 ~하기 위해 노력해야 합니다. = **We should try to** 동사 .
줄이다 = **reduce**, ~의 사용 = **the use of** 명사

➡ It is a kind of addiction, so I think we should try to reduce the use of smart phones.

자, 이제 1분 동안 '영어'로 답해 볼까요? MP3 082

① 휴대폰으로 상단의 QR코드를 스캔한 후 '1분 영어 말하기 훈련 영상'이 재생되면,
② 원어민이 직접 녹음한 문장들을 한 문장씩 듣고 따라 말하는 연습을 하고,
③ 한 문장씩 말하는 연습을 끝낸 후엔, 1분짜리 영어 답변을 스스로 말해 봅니다.

1 No, I don't agree that smart phones have improved the quality of our lives. **2** These days, I often see many people who use their smart phones almost all day. **3** I also heard that some people feel nervous when they don't have their smart phones. **4** It is a kind of addiction, so I think we should try to reduce the use of smart phones.

오늘의 영어회화 필수표현 총정리

125 **use** _명사_ **almost all day** = 거의 하루 종일 ~을 사용하다
126 **I heard that** _문장_ . = 저는 ~라는 사실을 들었습니다.
127 **feel nervous when A** _동사_ = A가 ~할 때 불안함을 느끼다
128 **reduce the use of** _명사_ = ~의 사용을 줄이다

아이들이 스마트폰을 쓰면 '나쁜 점'

Do you think it is okay to allow children to use smart phones?

당신은 아이들이 스마트폰을 쓰도록
허용하는 것이 괜찮다고 생각하나요?

아니요, 저는 아이들이 스마트폰을 쓰도록 허용하는 것이 괜찮다고 생각하지 않습니다. 이들은 이들의 스마트폰 사용을 스스로 통제할 수 있을 만큼 충분히 성숙하지 못합니다. 저는 스마트폰으로 게임을 하는 것에 중독된 아이들을 많이 봐왔습니다. 따라서 저는 이들(아이들)이 성장하고 난 후에 스마트폰을 사용하게끔 하는 것이 더 나을 것이라 생각합니다.

1

번째 문장 영작해 보기

아니요, 저는 아이들이 스마트폰을 쓰도록
허용하는 것이 괜찮다고 생각하지 않습니다.

힌트

저는 ~라고 생각하지 않습니다. = **I don't think** 문장 .
~하는 것은 괜찮습니다. = **It is okay to** 동사 .
A가 ~하도록 허용하다 = **allow A to** 동사
아이들 = **children**, 사용하다 = **use**, 스마트폰 = **smart phone**

➡ No, I don't think it is okay to allow children to use smart phones.

2

번째 문장 영작해 보기

이들은 이들의 스마트폰 사용을 스스로 통제할 수
있을 만큼 충분히 성숙하지 못합니다.

힌트

이들은 ~할 수 있을 만큼 충분히 ~하지 못합니다.
= **They are not** 형용사 **enough to** 동사 .
성숙한 = **mature**, 통제하다, 관리하다 = **control**
이들의 ~의 사용 = **their use of** 명사 , 이들 스스로 = **by themselves**

➡ They are not mature enough to control their use of smart phones by themselves.

3 번째 문장 영작해 보기

저는 스마트폰으로 게임을 하는 것에
중독된 아이들을 많이 봐왔습니다.

힌트 저는 ~을 많이 봐왔습니다. = **I have seen many** 복수 명사 .
~한 아이들 = **children who are** 형용사
~하는 것에 중독된 = **addicted to** 동사-ing
게임을 하다 = **play games**, 이들의 스마트폰으로 = **on their smart phones**

➡ I have seen many children who are addicted to
playing games on their smart phones.

4 번째 문장 영작해 보기

따라서 저는 이들(아이들)이 성장하고 난 후에 스마트폰을
사용하게끔 하는 것이 더 나을 것이라 생각합니다.

힌트 저는 ~라고 생각합니다. = **I think** 문장 .
~하는 것이 더 나을 겁니다. = **It would be better to** 동사 .
A가 ~하게끔 하다 = **let A** 동사 , 사용하다 = **use**
이들이 ~한 후 = **after they** 동사 , 자라다(성장하다) = **grow up**

➡ So I think it would be better to let them use smart
phones after they grow up.

자, 이제 1분 동안 '영어'로 답해 볼까요?  MP3 083

① 휴대폰으로 상단의 QR코드를 스캔한 후 '1분 영어 말하기 훈련 영상'이 재생되면,
② 원어민이 직접 녹음한 문장들을 한 문장씩 듣고 따라 말하는 연습을 하고,
③ 한 문장씩 말하는 연습을 끝낸 후엔, 1분짜리 영어 답변을 스스로 말해 봅니다.

1 No, I don't think it is okay to allow children to use smart phones. **2** They are not mature enough to control their use of smart phones by themselves. **3** I have seen many children who are addicted to playing games on their smart phones. **4** So I think it would be better to let them use smart phones after they grow up.

오늘의 영어회화 필수표현 총정리

129 **It is okay to** 　동사　 . = ~하는 것은 괜찮습니다.

130 **be not mature enough to** 　동사　 = ~할 만큼 충분히 성숙하지 못하다

131 **be addicted to** 　동사-ing　 = ~하는 것에 중독되다

132 **play games on one's smart phone** = ~의 스마트폰으로 게임을 하다

Lesson 084

아이들이 스마트폰을 쓰면 '좋은 점'

Q

Do you think it is okay to allow children to use smart phones?

당신은 아이들이 스마트폰을 쓰도록 허용하는 것이 괜찮다고 생각하나요?

이런 내용으로 답해 보면 어떨까요?

네, 저는 아이들이 스마트폰을 쓰도록 허용하는 것이 괜찮다고 생각합니다. 요즈음, 한국에서 아동 범죄가 급속도로 증가했습니다. 따라서 많은 부모들이 이에 대해 걱정하고 있고, 스마트폰은 이러한 부모들을 도울 수 있습니다. 위치 추적 앱을 이용하여, 부모들은 자신들의 자녀가 어디에 있는지 손쉽게 확인할 수 있습니다.

1 번째 문장 영작해 보기

네, 저는 아이들이 스마트폰을 쓰도록
허용하는 것이 괜찮다고 생각합니다.

힌트
저는 ~라고 생각합니다. = **I think** __문장__ .
~하는 것은 괜찮습니다. = **It is okay to** __동사__ .
A가 ~하도록 허용하다 = **allow A to** __동사__
아이들 = **children**, 사용하다 = **use**, 스마트폰 = **smart phone**

_____

_____

➡ Yes, I think it is okay to allow children to use smart phones.

2 번째 문장 영작해 보기

요즈음, 한국에서 아동 범죄가
급속도로 증가했습니다.

힌트
요즈음 = **these days**
A가 증가했습니다. = **A have(has) increased**.
아동 범죄 = **crime against children**
급속도로 = **rapidly**, 한국에서 = **in Korea**

_____

_____

➡ These days, crimes against children have increased rapidly in Korea.

3

번째 문장 영작해 보기

따라서 많은 부모들이 이에 대해 걱정하고 있고,
스마트폰은 이러한 부모들을 도울 수 있습니다.

힌트 A는 ~에 대해 걱정하고 있습니다. = **A is(are) worried about** 명사 .
많은 부모 = **many parents**
A는 ~을 도울 수 있습니다. = **A can help** 명사 .
스마트폰 = **smart phone**, 이러한 부모들 = **these parents**

➡ So, many parents are worried about it, and smart
phones can help these parents.

4

번째 문장 영작해 보기

위치 추적 앱을 이용하여, 부모들은 자신들의 자녀가
어디에 있는지 손쉽게 확인할 수 있습니다.

힌트 ~으로(~을 이용해서) = **with** 명사
위치 추적 앱 = **app for location tracing**
부모들은 (손쉽게) ~할 수 있습니다. = **Parents can** 동사 (easily).
~가 어디 있는지 확인하다 = **check where** 명사 **is(are)**

➡ With the apps for location tracing, parents can check
easily where their children are.

자, 이제 1분 동안 '영어'로 답해 볼까요? MP3 084

① 휴대폰으로 상단의 QR코드를 스캔한 후 '1분 영어 말하기 훈련 영상'이 재생되면,
② 원어민이 직접 녹음한 문장들을 한 문장씩 듣고 따라 말하는 연습을 하고,
③ 한 문장씩 말하는 연습을 끝낸 후엔, 1분 짜리 영어 답변을 스스로 말해 봅니다.

1 Yes, I think it is okay to allow children to use smart phones. **2** These days, crimes against children have increased rapidly in Korea. **3** So, many parents are worried about it, and smart phones can help these parents. **4** With the apps for location tracing, parents can check easily where their children are.

오늘의 영어회화 필수표현 총정리

133 **crime against children** = 아동 범죄
134 **A have(has) increased rapidly.** = A가 급속도로 증가했습니다.
135 **app for location tracing** = 위치 추적 앱
136 **check where   명사   is(are)** = ~가 어디 있는지 확인하다

Lesson
085

Q

SNS의 순기능

What is your opinion of SNS? Do you think it is helpful for our society?

당신은 SNS에 대해 어떤 견해를 갖고 있나요? 당신은 이것이 우리 사회에 도움이 된다고 생각하나요?

이런 내용으로 답해 보면 어떨까요?

저는 SNS가 우리 사회에 있어 최고의 의사소통 수단 중 하나라고 생각합니다. 오늘날, 우리는 SNS 덕분에 우리의 삶을 다른 이들과 매우 손쉽게 공유할 수 있습니다. 우리는 블로그에 사진이나 글들을 업로드해서 우리의 일상을 다른 이들에게 보여줄 수 있습니다. 또한, 우리는 SNS 상에 댓글을 남김으로써 매우 손쉽게 서로 이야기를 나눌 수 있습니다.

1

번째 문장 영작해 보기

저는 SNS가 우리 사회에 있어 최고의
의사소통 수단 중 하나라고 생각합니다.

힌트 저는 ~라고 생각합니다. = **I think** 　문장　.
A는 최고의 ~ 중 하나입니다. = **A is one of the best** 　복수 명사　.
의사소통 수단 = **communication tool**
우리 사회에 있어 = **in our society**

➡ I think SNS is one of the best communication tools in our society.

2

번째 문장 영작해 보기

오늘날, 우리는 SNS 덕분에 우리의 삶을
다른 이들과 매우 손쉽게 공유할 수 있습니다.

힌트 오늘날, 요즈음 = **these days**
우리는 (매우 손쉽게) ~할 수 있습니다. = **We can** 　동사　 **(very easily)**.
A와 ~을 공유하다 = **share** 　명사　 **with A**, 우리의 삶 = **our lives**
다른 이들 = **others**, ~ 덕분에 = **thanks to** 　명사　

➡ These days, we can share our lives with others very easily, thanks to SNS.

3

번째 문장 영작해 보기

우리는 블로그에 사진이나 글들을 업로드해서
우리의 일상을 다른 이들에게 보여줄 수 있습니다.

힌트 우리는 ~할 수 있습니다. = **We can** 명사 .
~을 A에 업로드하다 = **upload** 명사 **on A**
사진 = **picture**, 글 = **writing**, 우리의 블로그 = **our blogs**
~을 A에게 보여주다 = **show** 명사 **to A**, 우리의 일상 = **our daily lives**

➡ We can upload our pictures or writings on our blogs,
and show our daily lives to others.

4

번째 문장 영작해 보기

또한, 우리는 SNS 상에 댓글을 남김으로써
매우 손쉽게 서로 이야기를 나눌 수 있습니다.

힌트 우리는 ~할 수 있습니다. = **We can** 동사 .
서로 이야기를 나누다 = **talk to each other**
매우 손쉽게 = **very easily**, ~함으로써 = **by** 동사-ing
~ 상에 댓글을 남기다 = **leave comments on** 명사

➡ Also, we can talk to each other very easily by leaving
comments on SNS.

자, 이제 1분 동안 '영어'로 답해 볼까요? 🎧 **MP3 085**

① 휴대폰으로 상단의 QR코드를 스캔한 후 '1분 영어 말하기 훈련 영상'이 재생되면,
② 원어민이 직접 녹음한 문장들을 한 문장씩 듣고 따라 말하는 연습을 하고,
③ 한 문장씩 말하는 연습을 끝낸 후엔, 1분짜리 영어 답변을 스스로 말해 봅니다.

1 I think SNS is one of the best communication tools in our society. **2** These days, we can share our lives with others very easily, thanks to SNS. **3** We can upload our pictures or writings on our blogs, and show our daily lives to others. **4** Also, we can talk to each other very easily by leaving comments on SNS.

오늘의 영어회화 필수표현 총정리

137 **share** 　명사　 **with A** = A와 ~을 공유하다
138 **upload one's pictures(writings) on** 　명사
　　 = ~에 ~의 사진(글)을 업로드하다
139 **show** 　명사　 **to A** = A에게 ~을 보여주다
140 **leave comments on** 　명사　 = ~ 상에 댓글을 남기다

SNS가 야기하는 문제점

What is your opinion of SNS? Do you think it is helpful for our society?

당신은 SNS에 대해 어떤 견해를 갖고 있나요?
당신은 이것이 우리 사회에 도움이 된다고 생각하나요?

이런 내용으로 답해 보면 어떨까요?

저는 SNS가 우리 사회에 그리 도움이 되지 않으며 상당히 많은 문제점을 야기한다고 생각합니다. SNS는 모든 사람들에게 열려 있기 때문에, 사람들의 개인 정보에 접근하는 것이 매우 용이합니다. 따라서 이 같은 취약점으로 인해 신상 도용 범죄가 급속도로 증가해오고 있습니다. 저는 이로부터 사람들을 보호하기 위해 우리가 개인 정보 보호 정책을 강화해야 한다고 생각합니다.

1

번째 문장 영작해 보기

저는 SNS가 우리 사회에 그리 도움이 되지 않으며
상당히 많은 문제점을 야기한다고 생각합니다.

힌트

저는 ~라고 생각합니다. = **I think** ___문장___ .

A는 ~에 그리 도움이 되지 않습니다. = **A is(are) not that helpful for** ___명사___ .

우리 사회 = **out society**, 야기하다 = **cause**

상당히 많은 ~ = **quite a lot of** ___복수 명사___ , 문제점 = **problem**

_____

_____

➡ I think SNS is not that helpful for our society and
causes quite a lot of problems.

2

번째 문장 영작해 보기

SNS는 모든 사람들에게 열려 있기 때문에,
사람들의 개인 정보에 접근하는 것이 매우 용이합니다.

힌트

~이기 때문에 = **since** ___문장___

A는 ~에게 열려 있습니다. = **A is(are) open to** ___명사___ .

~하는 것이 (매우) 용이합니다. = **It is (very) easy to** ___동사___ .

~에 접근하다 = **access** ___명사___ , 개인 정보 = **personal information**

_____

_____

➡ Since SNS is open to all people, it is very easy to
access people's personal information

3

번째 문장 영작해 보기

따라서 이 같은 취약점으로 인해
신상 도용 범죄가 급속도로 증가해오고 있습니다.

힌트 A는 증가해오고 있습니다. = **A have(has) been increasing**.
신상 도용 범죄 = **crime of identity theft**
급속도로 = **rapidly**, ~로 인해 = **because of** ___명사___
약점, 취약점 = **weakness**

➡ So the crime of identity theft has been increasing rapidly because of this weakness.

4

번째 문장 영작해 보기

저는 이로부터 사람들을 보호하기 위해 우리가
개인 정보 보호 정책을 강화해야 한다고 생각합니다.

힌트 저는 ~라고 생각합니다. = **I think** ___문장___ .
~하기 위해 우리는 ~해야 합니다. = **We should** ___동사___ **to** ___동사___ .
강화하다 = **strengthen**, 개인 정보 보호 정책 = **privacy policy**
A를 B로부터 보호하다 = **protect A from B**, 사람들 = **people**

➡ I think we should strengthen the privacy policy to protect people from that.

자, 이제 1분 동안 '영어'로 답해 볼까요? MP3 086

① 휴대폰으로 상단의 QR코드를 스캔한 후 '1분 영어 말하기 훈련 영상'이 재생되면,

② 원어민이 직접 녹음한 문장들을 한 문장씩 듣고 따라 말하는 연습을 하고,

③ 한 문장씩 말하는 연습을 끝낸 후엔, 1분짜리 영어 답변을 스스로 말해 봅니다.

1 I think SNS is not that helpful for our society and causes quite a lot of problems. **2** Since SNS is open to all people, it is very easy to access people's personal information. **3** So the crime of identity theft has been increasing rapidly because of this weakness. **4** I think we should strengthen the privacy policy to protect people from that.

오늘의 영어회화 필수표현 총정리

141 **cause (quite a lot of) problems** = (상당히 많은) 문제점을 야기하다

142 **access one's personal information** = ~의 개인 정보에 접근하다

143 **identify theft / privacy policy** = 신상 도용 / 개인 정보 보호 정책

144 **protect A from B** = A를 B로부터 보호하다

Lesson 087

SNS에 빠지는 이유, '과시욕'

Q

These days, we can see a lot of people who are addicted to SNS. Why are they addicted to it?

요즈음, SNS에 중독된 사람들을 많이 볼 수 있습니다. 왜 이들은 여기에 중독이 된 걸까요?

이런 내용으로 답해 보면 어떨까요?

저는 사람들이 자신들의 행복한 삶을 다른 이들에게 뽐내고 싶어 하기 때문에 그렇다고 생각합니다. 어떤 사람들은 여행이나 파티와 같이 행복한 순간들을 담은 사진들을 올리는 것을 좋아합니다. 이들은 관심을 받고 다른 사람들의 부러움의 대상이 될 때 행복하다고 느낍니다. 따라서 이들은 SNS 상에서 다른 이들로부터 좋은 댓글을 받는 것에 항상 집착합니다.

1

번째 문장 영작해 보기

저는 사람들이 자신들의 행복한 삶을 다른 이들에게
뽐내고 싶어 하기 때문에 그렇다고 생각합니다.

힌트 저는 ~이기 때문에 그렇다고 생각합니다. = **I think it is because** ___문장___ .
사람들은 ~하고 싶어 합니다. = **People want to** ___동사___ .
A에게 ~을 뽐내다(과시하다) = **show off** ___명사___ **to A**
이들의 행복한 삶 = **their happy lives**, 다른 이들 = **others**

➡ I think it is because people want to show off their
happy lives to others.

2

번째 문장 영작해 보기

어떤 사람들은 여행이나 파티와 같이 행복한 순간들을
담은 사진들을 올리는 것을 좋아합니다.

힌트 어떤 사람들은 ~하는 것을 좋아합니다. = **Some people like to** ___동사___ .
올리다 = **upload**, ~을 담은 이들의 사진 = **their pictures of** ___명사___
행복한 순간들 = **happy moments**, ~와 같은 = **like** ___명사___
여행(여행하는 것) = **traveling**, 파티 = **party**

➡ Some people like to upload their pictures of happy
moments like traveling or parties.

3 번째 문장 영작해 보기

이들은 관심을 받고 다른 사람들의 부러움의
대상이 될 때 행복하다고 느낍니다.

힌트 이들은 ~할 때 ~하다고 느낍니다. = **They feel** 형용사 **when they** 동사 .
행복한 = **happy**, 관심을 받다 = **get attention**
~의 부러움의 대상이 되다 = **become the envy of** 명사
다른 사람들 = **other people**

_____

_____

➡ They feel happy when they get attention and
become the envy of other people.

4 번째 문장 영작해 보기

따라서 이들은 SNS 상에서 다른 이들로부터
좋은 댓글을 받는 것에 항상 집착합니다.

힌트 이들은 ~하는 것에 (항상) 집착합니다.
= **They are (always) obsessed with** 동사-ing .
~로부터 좋은 댓글을 받다 = **get good comments from** 명사
다른 이들 = **others**, SNS 상에서 = **on the SNS**

_____

_____

➡ So they are always obsessed with getting good
comments from others on the SNS.

자, 이제 1분 동안 '영어'로 답해 볼까요? MP3 087

① 휴대폰으로 상단의 QR코드를 스캔한 후 '1분 영어 말하기 훈련 영상'이 재생되면,

② 원어민이 직접 녹음한 문장들을 한 문장씩 듣고 따라 말하는 연습을 하고,

③ 한 문장씩 말하는 연습을 끝낸 후엔, 1분짜리 영어 답변을 스스로 말해 봅니다.

1 I think it is because people want to show off their happy lives to others. **2** Some people like to upload their pictures of happy moments like traveling or parties. **3** They feel happy when they get attention and become the envy of other people. **4** So they are always obsessed with getting good comments from others on the SNS.

오늘의 영어회화 필수표현 총정리

145 **show off** 명사 **to A** = A에게 ~을 뽐내다(과시하다)

146 **upload one's pictures of** 명사 = ~을 담은 ~의 사진을 업로드하다

147 **become the envy of** 명사 = ~의 부러움의 대상이 되다

148 **be obsessed with** 동사-ing = ~하는 것에 집착하다

Lesson
088

Q

SNS에 빠지는 이유, '외로움'

These days, we can see a lot of people who are addicted to SNS. Why are they addicted to it?

요즈음, SNS에 중독된 사람들을 많이 볼 수 있습니다. 왜 이들은 여기에 중독이 된 걸까요?

이런 내용으로 답해 보면 어떨까요?

저는 사람들이 이 현대 사회에서 쉽게 외로움을 느끼기 때문에 그렇다고 생각합니다. 요즈음, 다른 이들과 직접 만나 우리의 삶을 공유하는 것이 점점 더 어려워지고 있습니다. 하지만 SNS에선, 사람들은 그곳의 보이지 않는 수많은 친구들과 함께 이들의 삶에 대해 이야기하고 공유할 수 있습니다. 따라서 많은 사람들이 SNS에 빠져 있습니다, 왜냐면 이들은 이 가상 공간에선 더 이상 혼자가 아니기 때문입니다.

1

번째 문장 영작해 보기

저는 사람들이 이 현대 사회에서 쉽게 외로움을
느끼기 때문에 그렇다고 생각합니다.

힌트 저는 ~이기 때문에 그렇다고 생각합니다. = **I think it is because** __문장__ .
사람들은 ~하다고 느낍니다. = **People feel** __형용사__ .
외로운 = **lonely**, 쉽게 = **easily**
이 현대 사회에서 = **in this modern world**

➡ I think it is because people feel easily lonely in this modern world.

2

번째 문장 영작해 보기

요즈음, 다른 이들과 직접 만나 우리의 삶을
공유하는 것이 점점 더 어려워지고 있습니다.

힌트 요즈음, 오늘날 = **nowadays**
~하는 것이 점점 더 ~해지고 있습니다. = **It is getting** __형용사__ **to** __동사__ .
A와 만나 ~을 공유하다 = **meet and share** __명사__ **with A**
더 어려운 = **harder**, 우리의 삶 = **our lives**, 직접 = **in person**

➡ Nowadays, it is getting harder to meet and share our lives with others in person.

3 번째 문장 영작해 보기

하지만 SNS에선, 사람들은 그곳의 보이지 않는 수많은 친구들과
함께 이들의 삶에 대해 이야기하고 공유할 수 있습니다.

 힌트 SNS에선, 사람들은 ~할 수 있습니다. = **In SNS, people can** 동사 .
~에 대해 이야기하고 공유하다 = **talk about and share** 명사
이들의 삶 = **their lives**, 그곳의 ~와 함께 = **with** 명사 **there**
보이지 않는 = **invisible**, 친구 = **friend**

➡ But in SNS, people can talk about and share their
lives with many invisible friends there.

4 번째 문장 영작해 보기

따라서 많은 사람들이 SNS에 빠져 있습니다, 왜냐면 이들은
이 가상 공간에선 더 이상 혼자가 아니기 때문입니다.

 힌트 A는 ~에 빠져 있습니다. = **A is(are) into** 명사 .
이들은 더 이상 ~이지 않습니다. = **They are not** 형용사 **anymore**.
많은 사람들 = **many people**, 혼자인 = **alone**
이 가상 공간에서 = **in this cyberspace**

➡ So many people are into SNS, because they are not
alone anymore in this cyberspace.

자, 이제 1분 동안 '영어'로 답해 볼까요? 🎧 MP3 088

① 휴대폰으로 상단의 QR코드를 스캔한 후 '1분 영어 말하기 훈련 영상'이 재생되면,
② 원어민이 직접 녹음한 문장들을 한 문장씩 듣고 따라 말하는 연습을 하고,
③ 한 문장씩 말하는 연습을 끝낸 후엔, 1분 짜리 영어 답변을 스스로 말해 봅니다.

1 I think it is because people feel easily lonely in this modern world. **2** Nowadays, it is getting harder to meet and share our lives with others in person. **3** But in SNS, people can talk about and share their lives with many invisible friends there. **4** So many people are into SNS, because they are not alone anymore in this cyberspace.

오늘의 영어회화 필수표현 총정리

149 **feel (easily) lonely** = (쉽게) 외로움을 느끼다

150 **It is getting harder to** 동사 . = ~하는 것이 점점 더 어려워지고 있습니다.

151 **talk about and share** 명사 = ~에 대해 이야기하고 공유하다

152 **A is(are) into** 명사 . = A는 ~에 빠져 있습니다.

Chapter 6

다양한 주제들에대해 영어로말하기

Lesson 089

사람들의 소통 방식

Q

Tell me about how smart phones have changed the way people communicate.

스마트폰이 사람들이 소통하는 방식을 어떻게
변화시켰는지 제게 이야기해 보세요.

이런 내용으로 답해 보면 어떨까요?

저는 스마트폰이 사람들이 소통하는 방식을 많이 변화시켰다고 생각합니다. 우리가
스마트폰을 사용하기 전엔, 사람들이 소통하는 방식은 딱 2가지뿐이었습니다. 우린
다른 사람들과 이야기하기 위해 문자 메시지를 주고 받거나 전화를 걸 뿐이었습니
다. 하지만 이제 우린 영상 통화, 앱, 그리고 SNS와 같은 좀더 많은 의사소통 수
단을 이용할 수 있습니다.

1 번째 문장 영작해 보기

저는 스마트폰이 사람들이 소통하는 방식을
많이 변화시켰다고 생각합니다.

힌트 저는 ~라고 생각합니다. = **I think** 　문장　.
A는 ~을 (많이) 변화시켰습니다. = **A have(has) changed** 　명사　 **(a lot)**.
사람들이 ~하는 방식 = **the way people** 　동사
소통하다 = **communicate**

→ I think smart phones have changed the way people communicate a lot.

2 번째 문장 영작해 보기

우리가 스마트폰을 사용하기 전엔, 사람들이
소통하는 방식은 딱 2가지뿐이었습니다.

힌트 우리가 ~했기 전에 = **before we** 　과거형 동사
~은 딱 2가지뿐이었습니다. = **There were only two** 　복수 명사　.
A가 ~하는 방식 = **way for A to** 　동사　, 사람들 = **people**
사용하다(사용했다) = **use(used)**, 소통하다 = **communicate**

→ Before we used smart phones, there were only two ways for people to communicate.

3

우린 다른 사람들과 이야기하기 위해
문자 메시지를 주고 받거나 전화를 걸 뿐이었습니다.

힌트 우리는 단지 ~할 뿐이었습니다. = **We just** ___과거형 동사___ .
문자 메시지를 주고 받다(받았다) = **exchange(exchanged) text messages**
전화를 걸다(걸었다) = **make(made) phone calls**
~하기 위해 = **to** ___동사___ , ~와 이야기하다 = **talk with** ___명사___

➡ We just exchanged text messages and made phone
   calls to talk with other people.

4

하지만 이제 우린 영상 통화, 앱, 그리고 SNS와 같은
좀더 많은 의사소통 수단을 이용할 수 있습니다.

힌트 이제 우린 ~할 수 있습니다. = **We can now** ___동사___ .
좀더 많은 ~을 이용하다 = **use more** ___복수 명사___
의사소통 수단 = **communication tool**, ~와 같은 = **like** ___명사___
영상 통화 = **video call**, 앱 = **app**('application program'의 줄임말)

➡ But we can now use more communication tools like
   video calls, apps, and SNS.

자, 이제 1분 동안 '영어'로 답해 볼까요? **MP3 089**

① 휴대폰으로 상단의 QR코드를 스캔한 후 '1분 영어 말하기 훈련 영상'이 재생되면,
② 원어민이 직접 녹음한 문장들을 한 문장씩 듣고 따라 말하는 연습을 하고,
③ 한 문장씩 말하는 연습을 끝낸 후엔, 1분 짜리 영어 답변을 스스로 말해 봅니다.

1 I think smart phones have changed the way people communicate a lot. **2** Before we used smart phones, there were only two ways for people to communicate. **3** We just exchanged text messages and made phone calls to talk with other people. **4** But we can now use more communication tools like video calls, apps, and SNS.

오늘의 영어회화 필수표현 총정리

153 **change the way A** **동사** = A가 ~하는 방식을 변화시키다
154 **exchange text messages** = 문자 메시지를 주고 받다
155 **make phone calls** = 전화를 걸다
156 **communication tool / video call** = 의사소통 수단 / 영상 통화

전화? 문자 메시지?

Q

Why do you think some people prefer texting rather than making phone calls?

당신은 왜 일부 사람들이 전화를 거는 것보다
문자 보내는 것을 더 선호한다고 생각하나요?

이런 내용으로 답해 보면 어떨까요?

저는 그 이유가 바로 이들이 문자를 주고 받을 때 좀더 편안함을 느끼기 때문이라고
생각합니다. 우선, 우리는 다른 사람들에게 문자를 받았을 때 곧바로 답변할 필요가
없습니다. 우린 문자를 늦게 확인한 척할 수 있고, 우리가 원할 때 언제든 나중에
문자를 보낼 수 있습니다. 또한 전화를 거는 것보다 문자를 보내는 것이 훨씬 저렴
해서 많은 사람들이 문자 보내길 더 좋아합니다.

1

번째 문장 영작해 보기

저는 그 이유가 바로 이들이 문자를 주고 받을 때
좀더 편안함을 느끼기 때문이라고 생각합니다.

힌트 저는 그 이유가 바로 ~ 때문이라고 생각합니다. = **I think it's because** _문장_ .
이들은 (좀더) ~하게 느낍니다. = **They feel (more)** _형용사_ .
편안한 = **comfortable**, 이들이 ~할 때 = **when they** _동사_
주고 받다 = **exchange**, 문자 메시지 = **text message**

➡ I think it's because they feel more comfortable when
they exchange text messages.

2

번째 문장 영작해 보기

우선, 우리는 다른 사람들에게 문자를 받았을 때
곧바로 답변할 필요가 없습니다.

힌트 우리는 ~할 필요가 없습니다. = **We don't have to** _동사_ .
답변하다 = **respond**, 곧바로 = **immediately**
우리가 ~할 때 = **when we** _동사_ , 문자를 받다 = **get messages**
다른 사람들에게 = **from other people**

➡ First, we don't have to respond immediately when we
get messages from other people.

3 번째 문장 영작해 보기

우린 문자를 늦게 확인한 척할 수 있고, 우리가 원할 때
언제든 나중에 문자를 보낼 수 있습니다.

 우린 ~한 척 할 수 있습니다. = **We can pretend that we** 동사 .
문자를 늦게 확인하다 = **check the messages late**
나중에 문자를 보내다 = **text later**
우리가 ~할 때 언제든 = **whenever we** 동사

➡ We can pretend that we check the messages late,
and text later whenever we want to.

4 번째 문장 영작해 보기

또한 전화를 거는 것보다 문자를 보내는 것이 훨씬 더
저렴해서 많은 사람들이 문자 보내길 더 좋아합니다.

 ~하는 것보다 ~하는 것이 훨씬 더 저렴합니다.
= **It is much cheaper to** 동사 **than to** 동사 .
문자를 하다 = **text**, 전화를 걸다 = **make phone calls**
사람들은 ~하길 더 좋아합니다. = **People prefer** 동사-**ing** .

➡ Also, it is much cheaper to text than to make phone
calls, so many people prefer texting.

자, 이제 1분 동안 '영어'로 답해 볼까요?   MP3 090

① 휴대폰으로 상단의 QR코드를 스캔한 후 '1분 영어 말하기 훈련 영상'이 재생되면,
② 원어민이 직접 녹음한 문장들을 한 문장씩 듣고 따라 말하는 연습을 하고,
③ 한 문장씩 말하는 연습을 끝낸 후엔, 1분짜리 영어 답변을 스스로 말해 봅니다.

1 I think it's because they feel more comfortable when they exchange text messages. **2** First, we don't have to respond immediately when we get messages from other people. **3** We can pretend that we check the messages late, and text later whenever we want to. **4** Also, it is much cheaper to text than to make phone calls, so many people prefer texting.

오늘의 영어회화 필수표현 총정리

157 **respond immediately** = 곧바로 답변을 하다

158 **get messages from** 명사 = ~로부터 문자를 받다

159 **check the messages late** = 문자를 늦게 확인하다

160 **text later** = 나중에 문자를 보내다

이상적인 휴가란?

**What do you think is the ideal vacation?
Please talk about it in detail.**

당신은 이상적인 휴가가 무엇이라고 생각하나요?
이에 대해 자세히 이야기해 보세요.

이런 내용으로 답해 보면 어떨까요?

저는 이상적인 휴가란 제가 원하는 만큼 오랫동안 느긋하게 쉴 수 있는 휴가라 생각합니다. 한국에서, 우리는 보통 회사에서 매년 15일간의 휴가를 사용하는 것이 허락됩니다. 하지만 이 모든 휴가를 연속으로 내는 것은 어렵기 때문에, 우린 단지 굉장히 짧은 휴가만 계획할 수 있습니다. 따라서 제게 있어서, 이상적인 휴가란 적어도 일주일 혹은 이주일 정도는 되어야 합니다.

1 번째 문장 영작해 보기

저는 이상적인 휴가란 제가 원하는 만큼 오랫동안
느긋하게 쉴 수 있는 휴가라 생각합니다.

힌트 저는 ~라고 생각합니다. = **I think** ___문장___ .
이상적인 휴가란 제가 ~할 수 있는 휴가입니다.
= **The ideal vacation is one where I can** ___동사___ .
느긋하게 쉬다, 휴식을 취하다 = **relax**, ~ 동안 = **for** ___기간___
내가 ~하는 만큼 길게(오래) = **as long as I** ___동사___ , 원하다 = **want**

⟹ I think the ideal vacation is one where I can relax for
as long as I want.

 번째 문장 영작해 보기

한국에서, 우리는 보통 회사에서 매년 15일간의
휴가를 사용하는 것이 허락됩니다.

힌트 우리는 ~하는 것이 허락됩니다. = **We are allowed to** ___동사___ .
사용하다 = **use**, ~일간의 휴가 = ___숫자___ **day(s) off**
회사에서 = **at a company**, 매년 = **every year**

⟹ In Korea, we are usually allowed to use fifteen days
off at a company every year.

3

번째 문장 영작해 보기

하지만 이 모든 휴가를 연속으로 내는 것은 어렵기 때문에,
우린 단지 굉장히 짧은 휴가만 계획할 수 있습니다.

힌트 ~하는 것은 어렵습니다. = **It is hard to** <u>동사</u>.
(이 모든) 휴가를 내다 = **take (all those) days off**, 연속으로 = **in a row**
우린 단지 ~할 수 있습니다. = **We can only** <u>동사</u>.
계획하다 = **plan**, (굉장히 짧은) 휴가 = **(very short) vacation**

➡ But it is hard to take all those days off in a row, so
we can only plan very short vacations.

4

번째 문장 영작해 보기

따라서 제게 있어서, 이상적인 휴가란 적어도
일주일 혹은 이주일 정도는 되어야 합니다.

힌트 제게 있어서 = **to me**
A는 (적어도) ~이 되어야 합니다. = **A should be (at least)** <u>명사</u>.
이상적인 휴가 = **ideal vacation**
1주일(2주일) 정도의 기간 = **one week(two weeks) long**

➡ So to me, the ideal vacation should be at least one
week or two weeks long.

자, 이제 1분 동안 '영어'로 답해 볼까요? 🎧 **MP3** 091

① 휴대폰으로 상단의 QR코드를 스캔한 후 '1분 영어 말하기 훈련 영상'이 재생되면,
② 원어민이 직접 녹음한 문장들을 한 문장씩 듣고 따라 말하는 연습을 하고,
③ 한 문장씩 말하는 연습을 끝낸 후엔, 1분짜리 영어 답변을 스스로 말해 봅니다.

1 I think the ideal vacation is one where I can relax for as long as I want. **2** In Korea, we are usually allowed to use fifteen days off at a company every year. **3** But it is hard to take all those days off in a row, so we can only plan very short vacations. **4** So to me, the ideal vacation should be at least one week or two weeks long.

오늘의 영어회화 필수표현 총정리

161 **relax for as long as I want** = 내가 원하는 만큼 오랫동안 쉬다

162 **use ___숫자___ day(s) off** = ~일간의 휴가를 사용하다

163 **take ___숫자___ days off in a row** = ~일간의 휴가를 연속으로 내다

164 **plan a short(long) vacation** = 짧은(긴) 휴가를 계획하다

Lesson 092

홀로 여행의 장점

Q

Which do you think is better, a package tour or traveling alone?

패키지 여행과 혼자 여행을 하는 것 중 무엇이 더 낫다고 생각하나요?

이런 내용으로 답해 보면 어떨까요?

제 경우, 저는 혼자 여행하는 것을 선호합니다. 제가 이를 좋아하는 이유는 바로 제가 저만의 여행 계획에 따라 여행하길 좋아하기 때문입니다. 제가 패키지 여행을 하게 되면, 저는 제가 방문하기 싫은 일부 장소들도 방문해야만 할 겁니다. 하지만 제가 혼자 여행을 하게 되면, 저는 제가 가고 싶은 곳 어디든 갈 수 있고 제 시간을 좀더 효율적으로 쓸 수 있습니다.

1

제 경우,
저는 혼자 여행하는 것을 선호합니다.

힌트　제 경우 = **in my case**
저는 ~하는 것을 선호합니다. = **I prefer** 　동사-ing 　.
('I prefer A to B'라고 하면, '전 B보다 A를 선호합니다'라는 뜻입니다.)
혼자 여행하다 = **travel alone**

➡ In my case, I prefer traveling alone.

2

제가 이를 좋아하는 이유는 바로 제가
저만의 여행 계획에 따라 여행하길 좋아하기 때문입니다.

힌트　제가 A를 좋아하는 이유는 바로 ~이기 때문입니다.
= **The reason I like A is that** 　문장 　.
저는 ~하길 좋아합니다. = **I like to** 　동사 　.
여행, 여행하다 = **travel**. ~에 따라 = **according to** 　명사
나만의 ~ = **my own** 　명사 　. 여행 계획 = **travel plan**

➡ The reason I like it is that I like to travel according to
my own travel plan.

3 번째 문장 영작해 보기

제가 패키지 여행을 하게 되면, 저는 제가 방문하기
싫은 일부 장소들도 방문해야만 할 겁니다.

힌트 제가 ~하게 되면, 저는 ~해야만 할 겁니다.
= **If I** _동사_ . **I will have to** _동사_ .
패키지 여행을 하다 = **take a package tour**, 방문하다 = **visit**
내가 ~하기 싫은 (일부) 장소들 = **(some) places I don't like to** _동사_

➡ If I take a package tour, I will have to visit some
places I don't like to visit.

4 번째 문장 영작해 보기

하지만 제가 혼자 여행을 하게 되면, 저는 제가 가고 싶은 곳
어디든 갈 수 있고 제 시간을 좀더 효율적으로 쓸 수 있습니다.

힌트 제가 ~하게 되면, 저는 ~할 수 있습니다. = **If I** _동사_ , **I can** _동사_ .
혼자 여행하다 = **travel alone**, 가다 = **go**
내가 ~하고 싶은 곳 어디든 = **wherever I want to** _동사_
내 시간을 쓰다 = **use my time**, (좀더) 효율적으로 = **more effectively**

➡ But if I travel alone, I can go wherever I want to go
and use my time more effectively.

자, 이제 1분 동안 '영어'로 답해 볼까요? MP3 092

① 휴대폰으로 상단의 QR코드를 스캔한 후 '1분 영어 말하기 훈련 영상'이 재생되면,
② 원어민이 직접 녹음한 문장들을 한 문 장씩 듣고 따라 말하는 연습을 하고,
③ 한 문장씩 말하는 연습을 끝낸 후엔, 1분 짜리 영어 답변을 스스로 말해 봅니다.

1 In my case, I prefer traveling alone. **2** The reason I like it is that I like to travel according to my own travel plan. **3** If I take a package tour, I will have to visit some places I don't like to visit. **4** But if I travel alone, I can go wherever I want to go and use my time more effectively.

오늘의 영어회화 필수표현 총정리

165 **travel alone** = 혼자서 여행하다

166 **travel according to one's own plan** = ~만의 계획에 따라 여행하다

167 **take a package tour** = 패키지 여행을 하다

168 **use one's time (more) effectively** = ~의 시간을 (좀더) 효율적으로 쓰다

'멍 때리기'의 장점

Do you think 'doing nothing' can be a good use of time? Why or why not?

당신은 '아무것도 안 하는 것'이 시간을 잘 활용하는 것이
될 수 있다고 보나요? 왜, 혹은 왜 그렇지 않은가요?

네, 저는 '아무것도 안 하는 것'이 시간을 잘 활용하는 것이 될 수 있다고 생각합니다. 우리의 신체와 두뇌는 매일같이 수백 가지의 일들을 수행하느라 늘 바쁩니다. 우리는 매일같이 일을 하고, 또한 심지어 쉬는 시간에조차 많은 것들을 합니다. 따라서 '아무것도 하지 않는 것'은 우리의 신체와 두뇌가 휴식을 취할 수 있는 충분한 시간을 갖도록 해줄 수 있습니다.

1

번째 문장 영작해 보기

네, 저는 '아무것도 안 하는 것'이
시간을 잘 활용하는 것이 될 수 있다고 생각합니다.

 힌트
저는 ~라고 생각합니다. = **I think** ___문장___ .
A는 ~이 될 수 있습니다. = **A can be** ___명사___ .
아무것도 안 하는 것 = **doing nothing**, 시간 = **time**
~의 좋은 사용, ~을 잘 활용하는 것 = **a good use of** ___명사___

✎
_____

_____

➡ Yes, I think 'doing nothing' can be a good use of
time.

2

번째 문장 영작해 보기

우리의 신체와 두뇌는 매일같이
수백 가지의 일들을 수행하느라 늘 바쁩니다.

 힌트
A는 ~하느라 늘 바쁩니다. = **A is(are) always busy** ___동사-ing___ .
우리의 신체 = **our bodies**, 우리의 두뇌 = **our brains**
하다 = **do**, 수백 가지의 것(일)들 = **hundreds of things**
('hundreds of 명사'라는 표현을 '수백 가지의 ~'라고 알아두시면 좋습니다.)
매일, 매일같이 = **every day**

✎
_____

_____

➡ Our bodies and brains are always busy doing
hundreds of things every day.

3 번째 문장 영작해 보기

우리는 매일같이 일을 하고, 또한 심지어
쉬는 시간에조차 많은 것들을 합니다.

힌트
우리는 매일같이 ~합니다. = **We** ___동사___ **every day**.
우리는 또한 ~합니다. = **We also** ___동사___ .
일하다 = **work**, 하다 = **do**, 많은 것들 = **many things**
심지어 = **even**, 우리의 쉬는 시간에 = **during our free time**

_____

_____

➡ We work every day, and we also do many things even
during our free time.

4 번째 문장 영작해 보기

따라서 '아무것도 하지 않는 것'은 우리의 신체와 두뇌가
휴식을 취할 수 있는 충분한 시간을 갖도록 해줄 수 있습니다

힌트
A는 B가 ~하도록 해줄 수 있습니다. = **A can allow B to** ___동사___ .
우리의 신체 = **our bodies**, 우리의 두뇌 = **our brains**
~할 수 있는 충분한 시간을 갖다 = **have enough time to** ___동사___
느긋하게 쉬다, 휴식을 취하다 = **relax**

_____

_____

➡ So 'doing nothing' can allow our bodies and brains to
have enough time to rest.

자, 이제 1분 동안 '영어'로 답해 볼까요? MP3 093

① 휴대폰으로 상단의 QR코드를 스캔한 후 '1분 영어 말하기 훈련 영상'이 재생되면,
② 원어민이 직접 녹음한 문장들을 한 문장씩 듣고 따라 말하는 연습을 하고,
③ 한 문장씩 말하는 연습을 끝낸 후엔, 1분짜리 영어 답변을 스스로 말해 봅니다.

1 Yes, I think 'doing nothing' can be a good use of time. 2 Our bodies and brains are always busy doing hundreds of things every day. 3 We work every day, and we also do many things even during our free time. 4 So 'doing nothing' can allow our bodies and brains to have enough time to rest.

오늘의 영어회화 필수표현 총정리

169 **a good use of** 명사 = ~을 잘 활용하는 것

170 **do hundreds of** 명사 = 수백 가지의 ~을 하다

171 **relax during one's free time** = ~의 휴식 시간에 휴식을 취하다

172 **have enough time to** 동사 = ~할 충분한 시간이 있다

Lesson
094

패스트푸드의 단점

Do you agree that fast food is not good for our health? Why or why not?

당신은 패스트푸드가 건강에 좋지 않다는 것에 동의하나요?
(동의한다면) 왜, 혹은 (반대한다면) 왜 그렇지 않나요?

이런 내용으로 답해 보면 어떨까요?

네, 저는 패스트푸드가 건강에 좋지 않다는 것에 동의합니다. 우선 이것(패스트푸드)은 너무 기름지고 지방이 많으며, 이는 비만과 다양한 성인병을 유발할 수 있습니다. 그리고 이것(패스트푸드)은 인공 조미료를 많이 함유하고 있기 때문에, 이는 단연코 건강에 좋지 않습니다. 저는 어렸을 때 패스트푸드를 많이 먹곤 했지만, 현재는 좀더 건강한 음식을 먹기 위해 노력하고 있습니다.

1

번째 문장 영작해 보기

네, 저는 패스트푸드가 건강에
좋지 않다는 것에 동의합니다.

저는 ~라는 것에 동의합니다. = **I agree that** <u>문장</u>.

A는 ~에 좋지 않습니다. = **A is(are) not good for** <u>명사</u>.

(혹은, 'A is bad for 명사. = A는 ~에 나쁩니다.'라고 말해도 됩니다.)

패스트푸드 = **fast food**, 우리의 건강 = **our health**

⟹ Yes, I agree that fast food is not good for our health.

2

번째 문장 영작해 보기

우선 이것(패스트푸드)은 너무 기름지고 지방이 많으며,
이는 비만과 다양한 성인병을 유발할 수 있습니다.

이것은 너무 ~합니다. = **It is too** <u>형용사</u>.

기름진 = **oily**, 지방이 많은 = **fatty**

이것은(이는) ~할 수 있습니다. = **It can** <u>동사</u>.

(병, 문제 등을) 유발하다, 야기하다 = **cause**

비만 = **obesity**, 다양한 = **various**, 성인병 = **adult diseases**

⟹ First, it is too oily and fatty, so it can cause obesity and various adult diseases.

3

그리고 이것(패스트푸드)은 인공 조미료를 많이 함유하고 있기 때문에 이는 단연코 건강에 좋지 않습니다.

힌트 이것은 ~을 많이 포함(함유)하고 있습니다. = **It includes a lot of** 명사 .
인공 조미료 = **artificial seasoning**
이것은(이는) ~에 좋지 않습니다. = **It is not good for** 명사 .
단연코, 명백히 = **definitely**, 우리의 건강 = **our health**

➡ And it includes a lot of artificial seasonings, so it is definitely not good for our health.

4

저는 어렸을 때 패스트푸드를 많이 먹곤 했지만, 현재는 좀더 건강한 음식을 먹기 위해 노력하고 있습니다.

힌트 저는 ~였을 때 ~하곤 했습니다. = **I used to** 동사 **when I was** 형용사 .
~을 많이 먹다 = **eat a lot of** 명사 , 어린 = **young**
현재 저는 ~하기 위해 노력하고 있습니다. = **Now I'm trying to** 동사 .
먹다 = **eat**, 좀더 건강한 음식 = **healthier food**

➡ I used to eat a lot of fast food when I was young, but now I'm trying to eat healthier food.

자, 이제 1분 동안 '영어'로 답해 볼까요?   **MP3 094**

① 휴대폰으로 상단의 QR코드를 스캔한 후 '1분 영어 말하기 훈련 영상'이 재생되면,
② 원어민이 직접 녹음한 문장들을 한 문장씩 듣고 따라 말하는 연습을 하고,
③ 한 문장씩 말하는 연습을 끝낸 후엔, 1분 짜리 영어 답변을 스스로 말해 봅니다.

1 Yes, I agree that fast food is not good for our health. **2** First, it is too oily and fatty, so it can cause obesity and various adult diseases. **3** And it includes a lot of artificial seasonings, so it is definitely not good for our health. **4** I used to eat a lot of fast food when I was young, but now I'm trying to eat healthier food.

오늘의 영어회화 필수표현 총정리

173 **A is(are) good(bad) for** <u>명사</u> . = A는 ~에 좋습니다(나쁩니다).
174 **A is(are) too oily(fatty)**. = A는 너무 기름집니다(지방이 많습니다).
175 **cause obesity(adult diseases)** = 비만(성인병)을 유발하다
176 **I used to** <u>동사</u> . = 저는 ~하곤 했습니다.

Lesson
095

건강식의 중요성

Q

What do you think people should do to stay healthy?

당신은 사람들이 건강을 유지하기 위해
무엇을 해야 한다고 생각하나요?

이런 내용으로 답해 보면 어떨까요?

전 사람들이 건강을 유지하기 위해선 건강하고도 균형 잡힌 식사를 해야 한다고 생
각합니다. 요즈음, 많은 사람들이 라면 같은 인스턴트 음식이나 정크푸드를 많이 먹
습니다. 저런 음식들은 우리를 뚱뚱하게 만들고, 심장병이나 당뇨병과 같은 다양한
질병을 유발합니다. 따라서 우리는 저러한 건강 문제들을 예방하기 위해 건강한
음식을 먹도록 노력해야 합니다.

1

전 사람들이 건강을 유지하기 위해선
건강하고도 균형 잡힌 식사를 해야 한다고 생각합니다.

힌트 저는 ~라고 생각합니다. = **I think** 　문장　 .
사람들은 ~하기 위해 ~해야 합니다. = **People should** 　동사　 **to** 　동사　 .
먹다 = **eat**, 건강하고도 균형 잡힌 = **healthy and balanced**
식단, 식사 = **diet**, 건강을 유지하다 = **stay healthy**

➡ I think people should eat a healthy and balanced diet
to stay healthy.

2

요즈음, 많은 사람들이 라면 같은
인스턴트 음식이나 정크푸드를 많이 먹습니다.

힌트 요즈음 = **these days**
많은 사람들이 ~합니다. = **Many people** 　동사　 .
~을 많이 먹다 = **eat a lot of** 　명사　 , 인스턴트 음식 = **instant food**
정크푸드 = **junk food**, ~와 같은 = **like** 　명사　

➡ These days, many people eat a lot of instant food
or junk food like Ramyeon.

3

번째 문장 영작해 보기

저런 음식들은 우리를 뚱뚱하게 만들고,
심장병이나 당뇨병과 같은 다양한 질병을 유발합니다.

 힌트   A는 우리를 ~하게 만듭니다. = **A make(s) us** ___형용사___ .

A는 ~을 유발합니다. = **A cause(s)** ___명사___ .

저런 음식들 = **those foods**, 뚱뚱한 = **fat**, 다양한 = **various**

질병 = **disease**, 심장병 = **heart disease**, 당뇨병 = **diabetes**

➡ Those foods make us fat, and cause various diseases
like heart disease or diabetes.

4

번째 문장 영작해 보기

따라서 우리는 저러한 건강 문제들을 예방하기 위해
건강한 음식을 먹도록 노력해야 합니다.

 힌트   우리는 ~하기 위해 ~해야 합니다. = **We should** ___동사___ **to** ___동사___ .

~하도록 노력하다 = **try to** ___동사___

먹다 = **eat**, 건강한 음식 = **healthy food**

예방하다 = **prevent**, (저러한) 건강 문제들 = **(those) health problems**

➡ So we should try to eat healthy food to prevent
those health problems.

자, 이제 1분 동안 '영어'로 답해 볼까요? 🎧 MP3 095

① 휴대폰으로 상단의 QR코드를 스캔한 후 '1분 영어 말하기 훈련 영상'이 재생되면,
② 원어민이 직접 녹음한 문장들을 한 문장씩 듣고 따라 말하는 연습을 하고,
③ 한 문장씩 말하는 연습을 끝낸 후엔, 1분짜리 영어 답변을 스스로 말해 봅니다.

1 I think people should eat a healthy and balanced diet to stay healthy. **2** These days, many people eat a lot of instant food or junk food like Ramyeon. **3** Those foods make us fat, and cause various diseases like heart disease or diabetes. **4** So we should try to eat healthy food to prevent those health problems.

오늘의 영어회화 필수표현 총정리

177 **eat a healthy and balanced diet** = 건강하고도 균형 잡힌 식사를 하다

178 **stay healthy** = 건강을 유지하다

179 **cause heart disease(diabetes)** = 심장병(당뇨병)을 유발하다

180 **prevent health problems** = 건강 문제들을 예방하다

운동의 중요성

What do you think people should do to stay healthy?

당신은 사람들이 건강을 유지하기 위해
무엇을 해야 한다고 생각하나요?

전 사람들이 건강을 유지하기 위해선 규칙적인 운동을 해야 한다고 생각합니다. 규칙적인 운동은 우리가 건강한 체중을 유지하고 질병을 예방하는 것을 돕습니다. 그리고 이것(운동)은 우리를 상쾌하고 기운 넘치게 해주기 때문에 우리의 정신 건강에도 좋습니다. 따라서 저는 사람들이 퇴근 후, 혹은 출근 전과 같이 운동할 시간을 만들어야 한다고 생각합니다.

1

번째 문장 영작해 보기

전 사람들이 건강을 유지하기 위해선
규칙적인 운동을 해야 한다고 생각합니다.

저는 ~라고 생각합니다. = **I think** <u>문장</u> .
사람들은 ~하기 위해 ~해야 합니다. = **People should** <u>동사</u> **to** <u>동사</u> .
하다 = **do**, 규칙적인 운동 = **regular exercise**
건강을 유지하다 = **stay healthy**

➡ I think people should do regular exercise to stay
healthy.

2

번째 문장 영작해 보기

규칙적인 운동은 우리가 건강한 체중을
유지하고 질병을 예방하는 것을 돕습니다.

A는 우리가 ~하는 것을 돕습니다. = **A help(s) us** <u>동사</u> .
규칙적인 운동 = **regular exercise**
유지하다 = **keep**, (건강한) 체중 = **(healthy) weight**
예방하다 = **prevent**, 질병 = **disease**

➡ Regular exercise helps us keep a healthy weight and
prevent diseases.

3

그리고 이것(운동)은 우리를 상쾌하고 기운 넘치게
해주기 때문에 우리의 정신 건강에도 좋습니다.

힌트 이것은 ~에 좋습니다. = **It is good for** 명사 .
우리의 정신 건강 = **our mental health**
이것은 우리를 ~하게 느끼도록 해줍니다. = **It makes us feel** 형용사 .
상쾌한 = **fresh**, 기운이 넘치는 = **energetic**

➡ And it is also good for our mental health because it
makes us feel fresh and energetic.

4

따라서 저는 사람들이 퇴근 후, 혹은 출근 전과 같이
운동할 시간을 만들어야 한다고 생각합니다.

힌트 저는 ~라고 생각합니다. = **I think** 문장 .
사람들은 ~해야 합니다. = **People should** 동사 .
~을 위한 시간을 만들다(내다) = **make time for** 명사
운동 = **exercise**, 퇴근 후 = **after work**, 출근 전 = **before work**

➡ So I think people should make time for exercise, such
as after work or before work.

자, 이제 1분 동안 '영어'로 답해 볼까요?   MP3 096

① 휴대폰으로 상단의 QR코드를 스캔한 후 '1분 영어 말하기 훈련 영상'이 재생되면,
② 원어민이 직접 녹음한 문장들을 한 문장씩 듣고 따라 말하는 연습을 하고,
③ 한 문장씩 말하는 연습을 끝낸 후엔, 1분 짜리 영어 답변을 스스로 말해 봅니다.

1 I think people should do regular exercise to stay healthy. **2** Regular exercise helps us keep a healthy weight and prevent diseases. **3** And it is also good for our mental health because it makes us feel fresh and energetic. **4** So I think people should make time for exercise, such as after work or before work.

오늘의 영어회화 필수표현 총정리

181 **do regular exercise** = 규칙적인 운동을 하다
182 **keep healthy weight** = 건강한 체중을 유지하다
183 **feel fresh / feel energetic** = 상쾌하다 / 기운이 넘치다
184 **make time for** 명사 = ~을 위한 시간을 만들다(내다)

환경을 보호하는 방법

Q

What do you think is the best way to protect our environment?

당신은 환경을 보호하기 위한 가장 좋은 방법이
무엇이라고 생각하나요?

이런 내용으로 답해 보면 어떨까요?

저는 환경을 보호하기 위한 가장 좋은 방법 중 하나가 일회용 제품을 사용하지 않는 것이라고 생각합니다. 예를 들어, 저는 종종 사무실에서 종이컵을 사용하는 사람들을 많이 보게 됩니다. 하지만 우리가 종이컵 대신 우리 자신만의 머그잔을 사용하면, 우리는 수백 톤의 나무를 구할 수 있습니다. 따라서 우리가 일회용 제품을 사용하지 않으려 노력한다면, 우리는 효과적으로 우리의 환경을 구할 수 있습니다.

1

번째 문장 영작해 보기

저는 환경을 보호하기 위한 가장 좋은 방법 중 하나가
일회용 제품을 사용하지 않는 것이라고 생각합니다.

힌트　～하기 위한 가장 좋은 방법 중 하나는 ～하지 않는 것입니다.
= **One of the best ways to** 　동사　 **is to not** 　동사　 .
보호하다 = **protect**, 우리의 환경 = **our environment**
사용하다 = **use**, 일회용 제품 = **disposable product**

➡ I think one of the best ways to protect our environment
is to not use disposable products.

2

번째 문장 영작해 보기

예를 들어, 저는 종종 사무실에서 종이컵을
사용하는 사람들을 많이 보게 됩니다.

힌트　예를 들어 = **for example**
저는 종종 ～을 많이 보게 됩니다. = **I often see many** 　복수 명사　 .
～하는 사람들 = **people** 　동사–ing　 , 사용하다 = **use**
종이컵 = **paper cup**, 이들의 사무실에서 = **in their office**

➡ For example, I often see many people using paper
cups in their office.

3 번째 문장 영작해 보기

하지만 우리가 종이컵 대신 우리 자신만의 머그잔을 사용하면,
우리는 수백 톤의 나무를 구할 수 있습니다.

힌트 우리가 ~하면, 우리는 ~할 수 있습니다. = **If we** 동사 , **we can** 동사 .
사용하다 = **use**, 우리 자신만의 ~ = **our own** 명사
머그잔 = **mug**, ~ 대신에 = **instead of** 명사 , 종이컵 = **paper cup**
구하다 = **save**, 수백 톤의 ~ = **tons of** 복수 명사 , 나무 = **tree**

_____

_____

➡ But if we use our own mugs instead of paper cups,
we can save tons of trees.

4 번째 문장 영작해 보기

따라서 우리가 일회용 제품을 사용하지 않으려 노력한다면,
우리는 효과적으로 우리의 환경을 구할 수 있습니다.

힌트 우리가 ~하면, 우리는 ~할 수 있습니다. = **If we** 동사 , **we can** 동사 .
~하지 않으려 노력하다 = **try not to** 동사
사용하다 = **use**, 일회용 제품 = **disposable product**, 구하다 = **save**
우리의 환경 = **our environment**, 효과적으로 = **effectively**

_____

_____

➡ So if we try not to use disposable products, we can
save our environment effectively.

자, 이제 1분 동안 '영어'로 답해 볼까요? **MP3 097**

① 휴대폰으로 상단의 QR코드를 스캔한 후 '1분 영어 말하기 훈련 영상'이 재생되면,

② 원어민이 직접 녹음한 문장들을 한 문장씩 듣고 따라 말하는 연습을 하고,

③ 한 문장씩 말하는 연습을 끝낸 후엔, 1분짜리 영어 답변을 스스로 말해 봅니다.

1 I think one of the best ways to protect our environment is to not use disposable products. **2** For example, I often see many people using paper cups in their office. **3** But if we use our own mugs instead of paper cups, we can save tons of trees. **4** So if we try not to use disposable products, we can save our environment effectively.

오늘의 영어회화 필수표현 총정리

185 **one of the best ways to** <u>동사</u> = ~할 수 있는 가장 좋은 방법 중 하나

186 **use disposable products(paper cups)** = 일회용 제품(종이컵)을 사용하다

187 **use A instead of B** = B 대신에 A를 사용하다

188 **save(protect) our environment** = 우리의 환경을 구하다(보호하다)

Lesson

098

Q

군복무 제도의 필요성

Do you think the mandatory military service should be kept in Korea?

당신은 한국에서 의무 병역제가
유지되어야 한다고 생각하나요?

이런 내용으로 답해 보면 어떨까요?

아니요, 저는 한국에서 의무 병역제가 유지되어야 한다고 생각하지 않습니다. 남한(대한민국)은 민주주의 국가이고, 따라서 누구도 차별을 받아서는 안 됩니다. 그러므로 단지 남자들만 의무 병역을 받도록 강요하는 것은 불공평합니다. 따라서 저는, 우리가 이것을 정당한 수당이 제공되는 모병제로 대체해야 한다고 생각합니다.

1

아니요, 저는 한국에서 의무 병역제가
유지되어야 한다고 생각하지 않습니다.

힌트 저는 ~라고 생각하지 않습니다. = **I don't think** 문장 .
A는 ~해야 합니다. = **A should** 동사 .
의무 병역제 = **mandatory military service**
유지되다 = **be kept**, 한국에서 = **in Korea**

➡ No, I don't think mandatory military service should be kept in Korea.

2

남한(대한민국)은 민주주의 국가이고, 따라서
누구도 차별을 받아서는 안 됩니다.

힌트 A는 ~입니다. = **A is(are)** 명사 .
남한(대한민국) = **South Korea**, 민주주의 국가 = **democratic country**
그 누구도 ~해서는 안 됩니다. = **Nobody must** 동사 .
차별을 받다 = **be discriminated against**

➡ South Korea is a democratic country, so nobody must be discriminated against.

3

번째 문장 영작해 보기

그러므로 단지 남자들만 의무 병역을 받도록
강요하는 것은 불공평합니다.

힌트 ~하는 것은 불공평합니다. = **It is unfair to** 동사 .
(단지) A가 ~하도록 강요하다 = **force (just) A to** 동사
(어떠한 일을) 겪다, 받다 = **undergo**
의무 병역 = **compulsory military service**

_____

_____

➡ So it is unfair to force just men to undergo compulsory
military service.

4

번째 문장 영작해 보기

따라서 저는, 우리가 이것을 정당한 수당이 제공되는
모병제로 대체해야 한다고 생각합니다.

힌트 저는 우리가 ~해야 한다고 생각합니다. = **I think we should** 동사 .
A를 B로 대체(교체)하다 = **replace A with B**
모병제 = **volunteer military system**
정당한 수당과 함께, 정당한 수당이 제공되는 = **with proper benefits**

_____

_____

➡ So I think we should replace it with a volunteer military
system with proper benefits.

자, 이제 1분 동안 '영어'로 답해 볼까요? MP3 098

① 휴대폰으로 상단의 QR코드를 스캔한 후 '1분 영어 말하기 훈련 영상'이 재생되면,
② 원어민이 직접 녹음한 문장들을 한 문장씩 듣고 따라 말하는 연습을 하고,
③ 한 문장씩 말하는 연습을 끝낸 후엔, 1분 짜리 영어 답변을 스스로 말해 봅니다.

1 No, I don't think mandatory military service should be kept in Korea. **2** South Korea is a democratic country, so nobody must be discriminated against. **3** So it is unfair to force just men to undergo compulsory military service. **4** So I think we should replace it with a volunteer military system with proper benefits.

오늘의 영어회화 필수표현 총정리

189 **mandatory military service** = 의무 병역제
190 **be discriminated against** = 차별을 받다
191 **replace A with B** = A를 B로 대체(교체)하다
192 **volunteer military system** = 모병제

전자책의 장점

Do you agree that e-books are more convenient than printed books? Why or why not?

당신은 전자책이 종이책보다 더 편리하다는 것에 동의하나요?
(동의한다면) 왜, (반대한다면) 왜 그렇게 생각하나요?

이런 내용으로 답해 보면 어떨까요?

네, 저는 전자책이 종이책보다 더 편리하다는 것에 동의합니다. 우선, 우리가 전자책을 사용하게 되면, 우리는 더 이상 무거운 책들을 들고 다니지 않아도 됩니다. 예를 들어, 500 페이지짜리 전자책이 있을 경우, 우린 이걸 그냥 USB 드라이브에 저장할 수 있습니다. 또한 이것(전자책)은 더 이상 종이가 필요치 않기 때문에 우리의 환경을 보호하는 걸 도울 수도 있습니다.

1 번째 문장 영작해 보기

네, 저는 전자책이 종이책보다
더 편리하다는 것에 동의합니다.

힌트 저는 ～라는 것에 동의합니다. = **I agree that** 문장 .
A는 B보다 더 ～합니다. = **A is(are) more** 형용사 **than B**.
전자책 = **e-book**, 종이책 = **printed book**
편리한 = **convenient**

_____

_____

➡ Yes, I agree that e-books are more convenient than printed books.

2 번째 문장 영작해 보기

우선, 우리가 전자책을 사용하게 되면, 우리는
더 이상 무거운 책들을 들고 다니지 않아도 됩니다.

힌트 우리가 ～하게 되면, 우리는 더 이상 ～하지 않아도 됩니다.
= **If we** 동사 , **we don't have to** 동사 **anymore**.
사용하다 = **use**, 전자책 = **e-book**
들고 다니다, 휴대하다 = **carry**, 무거운 책 = **heavy book**

_____

_____

➡ First, if we use e-books, we don't have to carry heavy books anymore.

3

예를 들어, 500 페이지짜리 전자책이 있을 경우,
우린 이걸 그냥 USB 드라이브에 저장할 수 있습니다.

힌트 ~가 있을 경우, 우린 그냥 ~할 수 있습니다.
= **If there is(are)** ___명사___ **, we can just** ___동사___ **.**
~ 페이지짜리 전자책 = **e-book of** ___숫자___ **pages**
~을 우리의 USB 드라이브에 저장하다 = **save** ___명사___ **in our USB drive**

_____

_____

➡ For example, if there is an e-book of 500 pages, we can just save it in our USB drive.

4

또한 이것(전자책)은 더 이상 종이가 필요치 않기
때문에 우리의 환경을 보호하는 걸 도울 수도 있습니다.

힌트 이것은 ~하는 걸 도울 수도 있습니다. = **It could help** ___동사___ **.**
보호하다 = **protect**, 우리의 환경 = **our environment**
이것은 ~하지 않기 때문에 = **since it doesn't** ___동사___
필요로 하다 = **need**, 종이 = **paper**

_____

_____

➡ Also, it could help protect our environment since it doesn't need any paper.

자, 이제 1분 동안 '영어'로 답해 볼까요? 🎧 **MP3 099**

① 휴대폰으로 상단의 QR코드를 스캔한 후 '1분 영어 말하기 훈련 영상'이 재생되면,
② 원어민이 직접 녹음한 문장들을 한 문장씩 듣고 따라 말하는 연습을 하고,
③ 한 문장씩 말하는 연습을 끝낸 후엔, 1분 짜리 영어 답변을 스스로 말해 봅니다.

1 Yes, I agree that e-books are more convenient than printed books. **2** First, if we use e-books, we don't have to carry heavy books anymore. **3** For example, if there is an e-book of 500 pages, we can just save it in our USB drive. **4** Also, it could help protect our environment since it doesn't need any paper.

오늘의 영어회화 필수표현 총정리

193 **e-book / printed book** = 전자책 / 종이책

194 **A is(are) more 형용사 than B.** = A는 B보다 더 ~합니다.

195 **carry (heavy) books** = (무거운) 책을 들고 다니다

196 **save 명사 in one's USB drive** = ~을 ~의 USB 드라이브에 저장하다

Lesson 100

Q

전기 자동차의 사용

In your opinion, what should we do to increase the use of electric cars in Korea?

당신 견해로 봤을 때, 우리가 한국에서 전기 자동차의 사용을 증가시키기 위해선 무엇을 해야 할까요?

이런 내용으로 답해 보면 어떨까요?

저는 우리가 전기 자동차 운전자들에게 다양한 혜택을 제공해야 한다고 생각합니다. 예를 들어, 우리는 몇 가지 세금 공제와 같은 일부 혜택들을 운전자들에게 제공해 줄 수 있습니다. 그러면 사람들은 꽤 많은 돈을 절약할 수 있기 때문에 아마 전기 자동차를 구매하고 싶어 할 겁니다. 따라서 저는 다양한 혜택을 제공하는 것이 전기 자동차의 사용을 증가시키는 걸 도울 수 있을 거라 봅니다.

1 번째 문장 영작해 보기

저는 우리가 전기 자동차 운전자들에게
다양한 혜택을 제공해야 한다고 생각합니다.

힌트

저는 ~라고 생각합니다. = **I think** ___문장___ .
우리는 ~해야 합니다. = **We should** ___동사___ .
A에게 B를 제공하다 = **offer B to A**. 다양한 혜택들 = **various benefits**
~의 운전자 = **driver of** ___명사___ . 전기 자동차 = **electric car**

_____

_____

➡ I think we should offer various benefits to drivers of
  electric cars.

2 번째 문장 영작해 보기

예를 들어, 우리는 몇 가지 세금 공제와 같은
일부 혜택들을 운전자들에게 제공해 줄 수 있습니다.

힌트

예를 들어 = **for example**
우리는 ~할 수 있습니다. = **We can** ___동사___ .
A에게 B를 제공하다 = **offer B to A**. (일부) 혜택들 = **(some) benefits**
몇 가지의 ~ = **several** ___복수 명사___ . 세금 공제 = **tax reduction**

_____

_____

➡ For example, we can offer some benefits like several
  tax reductions to the drivers.

3 번째 문장 영작해 보기

그러면 사람들은 꽤 많은 돈을 절약할 수 있기 때문에
아마 전기 자동차를 구매하고 싶어 할 겁니다.

힌트 사람들은 아마 ~할 겁니다. = **People might** 동사 .
~하고 싶어 하다 = **want to** 동사 , 구매하다 = **buy**
전기 자동차 = **electric car**, 이들은 ~할 수 있습니다. = **They can** 동사 .
절약하다 = **save**, 꽤 많은 돈 = **quite a lot of money**

➡ Then people might want to buy electric cars, because
they can save quite a lot of money.

4 번째 문장 영작해 보기

따라서 저는 다양한 혜택을 제공하는 것이 전기 자동차의
사용을 증가시키는 걸 도울 수 있을 거라 봅니다.

힌트 ~하는 것이 ~하는 걸 도울 수 있을 겁니다.
= 동사-ing **could help** 동사 .
제공하다 = **offer**, 다양한 혜택들 = **various benefits**
증가시키다 = **increase**, ~의 사용 = **the use of** 명사

➡ So I think offering various benefits could help
increase the use of electric cars.

1분 말하기 훈련 100

자, 이제 1분 동안 '영어'로 답해 볼까요? 🎧 MP3 100

① 휴대폰으로 상단의 QR코드를 스캔한 후 '1분 영어 말하기 훈련 영상'이 재생되면,

② 원어민이 직접 녹음한 문장들을 한 문장씩 듣고 따라 말하는 연습을 하고,

③ 한 문장씩 말하는 연습을 끝낸 후엔, 1분짜리 영어 답변을 스스로 말해 봅니다.

1 I think we should offer various benefits to drivers of electric cars. **2** For example, we can offer some benefits like several tax reductions to the drivers. **3** Then people might want to buy electric cars, because they can save quite a lot of money. **4** So I think offering various benefits could help increase the use of electric cars.

오늘의 영어회화 필수표현 총정리

197 **offer (various) benefits to** __명사__ = ~에게 (다양한) 혜택을 제공하다

198 **A might want to** __동사__ . = A는 아마 ~하고 싶어 할 겁니다.

199 **save (quite a lot of) money** = (꽤 많은) 돈을 절약하다

200 **increase the use of** __명사__ = ~의 사용을 증가시키다

1문1답 영어회화 필수표현 200

앞서 우리는 6개 주제별로 총 50개의 1분 영어 말하기 훈련을
하며, 영어회화에 쓰이는 필수표현 200개를 배웠습니다. 정말
수고하셨습니다! 부록에서는 배웠던 표현들을 제대로 습득하고
있는지 체크해보고, 만약 완벽히 암기하지 못한 표현이 있을 경
우 개별적으로 체크를 해둔 뒤 반복적으로 연습을 해보도록 하
세요.

1문1답 영어회화 필수표현 200

□ 001 **be (highly) motivated** = 동기 부여가 (많이) 되다

□ 002 **get (great) rewards for 명사** = ~에 대한 (좋은) 보상을 얻다

□ 003 **get a (high) salary** = (높은) 급여를 받다

□ 004 **get 명사 as a reward for A** = A에 대한 보상으로서 ~을 얻다

□ 005 **company benefits** = 회사의 복리 후생

□ 006 **annual leave / maternity leave** = 연차 / 출산 휴가

□ 007 **There are various kinds of 복수 명사 .** = 다양한 종류의 ~이 있습니다.

□ 008 **The quality of my life would 동사 .** = 내 삶의 질은 ~하게 될 겁니다.

□ 009 **One advantage is that 문장 .** = 한 가지 장점은 ~라는 점입니다.

□ 010 **improve myself / self-improvement** = 내 자신을 발전시키다 / 자기 발전

□ 011 **A that I can learn 명사 from** = 내가 ~을 배울 수 있는 A(라는 사람)

□ 012 **take an important role in 명사** = ~에서 중요한 역할을 맡다

□ 013 **A have(has) a better 명사 .** = A는 더 나은 ~을 갖추고 있습니다.

□ 014 **have a (strong) financial condition** = (탄탄한) 재정 조건을 갖추다

□ 015 **have benefits for employees** = 직원들을 위한 복지 혜택을 갖추다

□ 016 **offer a (better) working environment** = (더 나은) 근무 환경을 제공하다

□ 017 **It is effective to 동사 .** = ~하는 것은 효과적입니다.

□ 018 **system of flexible working hours** = 근무 시간 자유 선택제

□ 019 **It is good(helpful) to 동사 .** = ~하는 것은 좋습니다(도움이 됩니다).

□ 020 **increase work productivity(efficiency)** = 업무 생산성(효율성)을 높이다

□ 021 **work as a team** = 팀으로서 일을 하다

□ 022 **have(build) good teamwork** = 좋은 팀워크를 갖다(키우다)

□ 023 **work well with each other** = 서로 일을 잘 하다

□ 024 **communicate well with each other** = 서로 잘 소통하다

□ 025 **have negative aspects** = 부정적인 측면을 갖고 있다

□ 026 **freely express one's opinion** = 자유롭게 ~의 의견을 표현(표출)하다

□ 027 **follow one's decision** = ~의 결정을 따르다

□ 028 **A is(are) thought of as 명사 .** = A는 ~으로 여겨집니다.

□ 029 **A is(are) too 형용사 to 동사 .** = A는 ~하기에 너무 ~합니다.

□ 030 **lead to a lack of 명사** = ~의 부족으로 이어지다

□ 031 **get close to 명사** = ~에 가까워지다

□ 032 **make a (better) working environment** = (더 나은) 업무 환경을 만들다

□ 033 **be asked to 동사** = ~할 것을 부탁 받다

□ 034 **find a (better) way to 동사** = ~할 (더 나은) 방법을 찾다

□ 035 **explain the reason why 문장** = 왜 ~인지 그 이유를 설명하다

□ 036 **in a comfortable atmosphere** = 편안한 분위기에서

□ 037 **introduce 명사 to the whole world** = 전 세계에 ~을 소개하다

□ 038 **A is a big fan of 명사 .** = A는 ~의 열렬한 팬입니다.

□ 039 **make A want to 동사** = A가 ~하고 싶어 하게 만들다

□ 040 **A as well as B** = A뿐만 아니라 B까지도

□ 041 **I'm proud of 명사 .** = 저는 ~가 자랑스럽습니다.

□ 042 **A is(are) being loved by B.** = A는 B에게 사랑 받고 있습니다.

□ 043 **gain huge popularity** = 큰 인기를 얻다

□ 044 **have a positive(negative) view** = 긍정적(부정적) 견해를 갖고 있다

□ 045 **I agree that 문장 .** = 저는 ~라는 것에 동의합니다.

□ 046 **(convenient) public transportation system** = (편리한) 대중교통 시스템

□ 047 **A is(are) well organized.** = A는 잘 구성되어 있습니다.

□ 048 **pay the fee / transfer to 명사** = 요금을 지불하다 / ~로 환승하다

□ 049 **A need(s) to change.** = A는 바뀌어야 합니다.

□ 050 **We often see many 복수 명사 .** = 우리는 종종 ~을 많이 보게 됩니다.

1문1답 영어회화 필수표현 200

☐ 051 **force A to drink** = A에게 술 마실 것을 강요하다

☐ 052 **abandon bad ____ culture** = 나쁜 ~라는 문화를 버리다

☐ 053 **The biggest difference is 명사 .** = 가장 큰 차이점은 ~입니다.

☐ 054 **boil / steam / grill / fry** = 끓이다 / 삶다 / 굽다 / 튀기다

☐ 055 **People rarely 동사 .** = 사람들은 거의 ~하지 않습니다.

☐ 056 **A is(are) thought to be 형용사 .** = A는 ~하다고 생각됩니다.

☐ 057 **I'd like to introduce you to 명사 .** = 여러분께 ~을 소개했으면 합니다.

☐ 058 **There is(are) 명사 in A.** = A에는 ~가 있습니다.

☐ 059 **look around and enjoy 명사** = ~을 둘러보고 즐기다

☐ 060 **I recommend you 동사 .** = 여러분께 ~하실 것을 추천해 드립니다.

☐ 061 **spend one's money on 명사** = ~에 ~의 돈을 쓰다

☐ 062 **a waste of money / a waste of time** = 돈 낭비 / 시간 낭비

☐ 063 **use one's money for practical things** = 실질적인 것에 ~의 돈을 쓰다

☐ 064 **prefer A to B** = B보다 A를 선호하다

☐ 065 **difficulties in 동사-ing** = ~하는 데에 어려움

☐ 066 **raise children / have kids** = 아이를 키우다 / 아이를 갖다

☐ 067 **childcare expenses / childcare system** = 양육 비용 / 양육 시스템

☐ 068 **A can't afford to 동사 .** = A는 ~할 형편(능력)이 안 됩니다.

☐ 069 **A have(has) been increasing.** = A가 증가해오고 있습니다.

☐ 070 **A is(are) getting so expensive.** = A가 너무나 비싸지고 있습니다.

☐ 071 **rent / living expenses / average income** = 임대료 / 생활비 / 평균 수입

☐ 072 **live alone / live comfortably** = 혼자 살다 / 안락하게 살다

☐ 073 **go to a private institute** = 학원에 가다

☐ 074 **get stressed too much** = 스트레스를 너무 많이 받다

☐ 075 **a burden to 명사** = ~에게 (지워지는) 부담

□ 076 **It costs much money to 동사 .** = ~하는 데 비용이 많이 듭니다.

□ 077 **I don't agree that 문장 .** = 저는 ~라는 것에 동의하지 않습니다.

□ 078 **get a good score on the test** = 시험에서 좋은 점수를 얻다

□ 079 **study to a get good grade** = 좋은 성적을 얻기 위해 공부하다

□ 080 **change the way A 동사** = A가 ~하는 방식을 바꾸다

□ 081 **try to help A 동사** = A가 ~하는 것을 돕기 위해 노력하다

□ 082 **find one's aptitude** = ~의 적성을 찾다

□ 083 **There are various kinds of 복수 명사 .** = 다양한 종류의 ~이 있습니다.

□ 084 **specialized school / alternative school** = 특수 학교 / 대안 학교

□ 085 **build up (workable) welfare polices** = (실현 가능한) 복지 정책을 세우다

□ 086 **live alone in a poor environment** = 열악한 환경에서 홀로 살다

□ 087 **commit suicide** = 자살을 하다

□ 088 **economic difficulties / loneliness** = 경제적 어려움 / 외로움

□ 089 **be loved(appreciated) by 명사** = ~에게 사랑(인정) 받다

□ 090 **be rejected because of 명사** = ~ 때문에 거부를 당하다

□ 091 **get plastic surgery** = 성형 수술을 받다

□ 092 **appearance / have a better look** = 외모(외관) / 더 나은 외모를 갖다

□ 093 **gamble / gambling** = 도박을 하다 / 도박(도박을 하는 것)

□ 094 **A should be (strictly) prohibited.** = A는 (엄격히) 금지되어야 합니다.

□ 095 **lose all one's money** = ~의 돈을 몽땅 잃다

□ 096 **impose (heavy) fines on 명사** = ~에 (무거운) 과태료를 부과하다

□ 097 **shop online** = 온라인 쇼핑을 하다

□ 098 **save time / save money** = 시간을 절약하다 / 돈을 절약하다

□ 099 **visit online stores at home** = 집에서 온라인 상점들을 방문하다

□ 100 **electronic payment system** = 전자 결제 시스템

1문1답 영어회화 필수표현 200

☐ 101 **I don't trust _명사_ .** = 저는 ~을 믿지 않습니다.

☐ 102 **buy _명사_ from A** = A로부터(A에서) ~을 구매하다

☐ 103 **look _형용사_ in the picture** = 사진 속에서 ~해 보이다

☐ 104 **get totally different one** = 완전히 다른 것을 받다

☐ 105 **Internet advertisement** = 인터넷 광고

☐ 106 **have millions of daily visitors** = 수백만 명의 일일 방문객을 보유하다

☐ 107 **be put on _명사_ / be seen by _명사_** = ~에 게시되다 / ~에게 보여지다

☐ 108 **be not limited by _명사_** = ~의 제약을 받지 않다

☐ 109 **put the ads on _명사_** = ~에 광고를 게시하다

☐ 110 **expect A to _동사_** = A가 ~하길 기대하다

☐ 111 **A is(are) interested in _명사_ .** = A는 ~에 관심이 있습니다.

☐ 112 **A is(are) not interested in _명사_ at all.** = A는 ~에 전혀 관심이 없습니다.

☐ 113 **A don't(doesn't) have to _동사_ .** = A는 ~할 필요가 없습니다.

☐ 114 **A is(are) busy _동사-ing_ .** = A는 ~하느라 바쁩니다.

☐ 115 **do not have time to _동사_** = ~할 시간이 없다

☐ 116 **fill out a form** = 서식을 작성하다

☐ 117 **The best way is to _동사_ .** = 가장 좋은 방법은 ~하는 것입니다.

☐ 118 **use a long and difficult password** = 길고 어려운 암호를 사용하다

☐ 119 **tighten website security** = 웹사이트 보안을 강화하다

☐ 120 **enter one's personal data** = ~의 개인 정보를 입력하다

☐ 121 **improve the quality of _명사_** = ~의 질을 향상시키다

☐ 122 **make it possible to _동사_** = ~하는 것을 가능하게 하다

☐ 123 **access _명사_** = ~에 접근(접속)하다

☐ 124 **regardless of _명사_** = ~에 관계없이

☐ 125 **use _명사_ almost all day** = 거의 하루 종일 ~을 사용하다

□ 126 **I heard that** _문장_ . = 저는 ~라는 사실을 들었습니다.

□ 127 **feel nervous when A** _동사_ = A가 ~할 때 불안함을 느끼다

□ 128 **reduce the use of** _명사_ = ~의 사용을 줄이다

□ 129 **It is okay to** _동사_ . = ~하는 것은 괜찮습니다.

□ 130 **be not mature enough to** _동사_ = ~할 만큼 충분히 성숙하지 못하다

□ 131 **be addicted to** _동사-ing_ = ~하는 것에 중독되다

□ 132 **play games on one's smart phone** = ~의 스마트폰으로 게임을 하다

□ 133 **crime against children** = 아동 범죄

□ 134 **A have(has) increased rapidly.** = A가 급속도로 증가했습니다.

□ 135 **app for location tracing** = 위치 추적 앱

□ 136 **check where** _명사_ **is(are)** = ~가 어디 있는지 확인하다

□ 137 **share** _명사_ **with A** = A와 ~을 공유하다

□ 138 **upload one's pictures(writings) on** _명사_ = ~에~의 사진(글)을 업로드하다

□ 139 **show** _명사_ **to A** = A에게 ~을 보여주다

□ 140 **leave comments on** _명사_ = ~ 상에 댓글을 남기다

□ 141 **cause (quite a lot of) problems** = (상당히 많은) 문제점을 야기하다

□ 142 **access one's personal information** = ~의 개인 정보에 접근하다

□ 143 **identify theft / privacy policy** = 신상 도용 / 개인 정보 보호 정책

□ 144 **protect A from B** = A를 B로부터 보호하다

□ 145 **show off** _명사_ **to A** = A에게 ~을 뽐내다(과시하다)

□ 146 **upload one's pictures of** _명사_ = ~을 담은 ~의 사진을 업로드하다

□ 147 **become the envy of** _명사_ = ~의 부러움의 대상이 되다

□ 148 **be obsessed with** _동사-ing_ = ~하는 것에 집착하다

□ 149 **feel (easily) lonely** = (쉽게) 외로움을 느끼다

□ 150 **It is getting harder to** _동사_ . = ~하는 것이 점점 더 어려워지고 있습니다.

□ 151 **talk about and share 명사** = ~에 대해 이야기하고 공유하다

□ 152 **A is(are) into 명사 .** = A는 ~에 빠져 있습니다.

□ 153 **change the way A 동사** = A가 ~하는 방식을 변화시키다

□ 154 **exchange text messages** = 문자 메시지를 주고 받다

□ 155 **make phone calls** = 전화를 걸다

□ 156 **communication tool / video call** = 의사소통 수단 / 영상 통화

□ 157 **respond immediately** = 곧바로 답변을 하다

□ 158 **get messages from 명사** = ~로부터 문자를 받다

□ 159 **check the messages late** = 문자를 늦게 확인하다

□ 160 **text later** = 나중에 문자를 보내다

□ 161 **relax for as long as I want** = 내가 원하는 만큼 오랫동안 쉬다

□ 162 **use 숫자 day(s) off** = ~일간의 휴가를 사용하다

□ 163 **take 숫자 days off in a row** = ~일간의 휴가를 연속으로 내다

□ 164 **plan a short(long) vacation** = 짧은(긴) 휴가를 계획하다

□ 165 **travel alone** = 혼자서 여행하다

□ 166 **travel according to one's own plan** = ~만의 계획에 따라 여행하다

□ 167 **take a package tour** = 패키지 여행을 하다

□ 168 **use one's time (more) effectively** = ~의 시간을 (좀더) 효율적으로 쓰다

□ 169 **a good use of 명사** = ~을 잘 활용하는 것

□ 170 **do hundreds of 명사** = 수백 가지의 ~을 하다

□ 171 **relax during one's free time** = ~의 휴식 시간에 휴식을 취하다

□ 172 **have enough time to 동사** = ~할 충분한 시간이 있다

□ 173 **A is(are) good(bad) for 명사 .** = A는 ~에 좋습니다(나쁩니다).

□ 174 **A is(are) too oily(fatty).** = A는 너무 기름집니다(지방이 많습니다).

□ 175 **cause obesity(adult diseases)** = 비만(성인병)을 유발하다

□ 176 **I used to 동사 .** = 저는 ～하곤 했습니다.

□ 177 **eat a healthy and balanced diet** = 건강하고도 균형 잡힌 식사를 하다

□ 178 **stay healthy** = 건강을 유지하다

□ 179 **cause heart disease(diabetes)** = 심장병(당뇨병)을 유발하다

□ 180 **prevent health problems** = 건강 문제들을 예방하다

□ 181 **do regular exercise** = 규칙적인 운동을 하다

□ 182 **keep healthy weight** = 건강한 체중을 유지하다

□ 183 **feel fresh / feel energetic** = 상쾌하다 / 기운이 넘치다

□ 184 **make time for 명사** = ～을 위한 시간을 만들다(내다)

□ 185 **one of the best ways to 동사** = ～할 수 있는 가장 좋은 방법 중 하나

□ 186 **use disposable products(paper cups)** = 일회용 제품(종이컵)을 사용하다

□ 187 **use A instead of B** = B 대신에 A를 사용하다

□ 188 **save(protect) our environment** = 우리의 환경을 구하다(보호하다)

□ 189 **mandatory military service** = 의무 병역제

□ 190 **be discriminated against** = 차별을 받다

□ 191 **replace A with B** = A를 B로 대체(교체)하다

□ 192 **volunteer military system** = 모병제

□ 193 **e-book / printed book** = 전자책 / 종이책

□ 194 **A is(are) more 형용사 than B.** = A는 B보다 더 ～합니다.

□ 195 **carry (heavy) books** = (무거운) 책을 들고 다니다

□ 196 **save 명사 in one's USB drive** = ～을 ～의 USB 드라이브에 저장하다

□ 197 **offer (various) benefits to 명사** = ～에게 (다양한) 혜택을 제공하다

□ 198 **A might want to 동사 .** = A는 아마 ～하고 싶어 할 겁니다.

□ 199 **save (quite a lot of) money** = (꽤 많은) 돈을 절약하다

□ 200 **increase the use of 명사** = ～의 사용을 증가시키다

좋은 책을 만드는 길
독자님과 함께하겠습니다.

하루 1문1답 영어 말하기의 기적 [확장편]

개정1판1쇄	2022년 08월 05일 (인쇄 2022년 05월 31일)
초 판 발 행	2019년 01월 03일 (인쇄 2018년 11월 16일)
발 행 인	박영일
책 임 편 집	이해욱
편 저	SD어학연구소
편 집 진 행	김현진
표지디자인	김지수
편집디자인	임아람 · 장성복
발 행 처	시대인
공 급 처	(주)시대고시기획
출 판 등 록	제 10-1521호
주 소	서울시 마포구 큰우물로 75 [도화동 538 성지 B/D] 9F
전 화	1600-3600
팩 스	02-701-8823
홈 페 이 지	www.sdedu.co.kr
I S B N	979-11-383-2592-9 (13740)
정 가	14,000원